AF502476

DES COMMUNES

DANS

LEURS RAPPORTS AVEC LA LIBERTÉ
ET L'ÉGALITÉ POLITIQUES,

DEPUIS L'ANTIQUITÉ JUSQU'A NOS JOURS.

DE L'IMPRIMERIE DE PLASSAN,
RUE DE VAUGIRARD, N° 15.

APERÇUS
HISTORIQUES
SUR
LES COMMUNES,
DANS LEURS RAPPORTS AVEC
LA LIBERTÉ ET L'ÉGALITÉ POLITIQUES;
EN RÉPONSE AUX PLANS
DES PARTISANS DE L'ARISTOCRATIE
SUR L'ADMINISTRATION INTÉRIEURE

PAR J. M. BERTON.

A PARIS,
CHEZ ALEXIS EYMERY, RUE MAZARINE, N° 30;
ET AU PALAIS-ROYAL,
Chez CORRÉARD, libraire, l'un des naufragés de *la Méduse*;
et DELAUNAY ET PÉLICIER.

M. DCCC. XVIII.

DES COMMUNES

DANS

LEURS RAPPORTS AVEC LA LIBERTÉ ET L'ÉGALITÉ POLITIQUES,

DEPUIS L'ANTIQUITÉ JUSQU'A NOS JOURS.

Un cri général des vrais amis de la Charte s'élève de nos jours contre la centralisation ; elle tend insensiblement à perdre le peu de liberté dont jouirait la capitale, après l'avoir ruinée dans les provinces, qui cependant sont la force du gouvernement représentatif. Il en est aussi qui s'élèvent contre la centralisation, et pour qui l'attachement à nos institutions libérales n'est qu'un masque à l'abri duquel ils peuvent arriver plus sûrement à la conquête d'odieux priviléges. Mais l'oligarchie à laquelle ils prétendent est l'anarchie, et conduit au despotisme; ou bien, c'est le despotisme lui-même, dans les rapports des gouvernans aux gouvernés. Ainsi, la centralisation absolue est peut-être plus tolérable que *l'anti-centralisation,* comme l'entend un certain parti. Hors du respect pour les franchises et les droits des communes, point de liberté dans l'état, puisque l'état est constitué par la réunion des communes. C'est par-là seulement que le fédéralisme de tous fait la force du gouvernement, comme le fédéralisme de plusieurs produit sa faiblesse, et entraîne sa dissolution.

Ce serait une grande et belle chose que l'histoire des communes ; mais, pour l'écrire de nos jours, il faudrait un Mably. Cet illustre philosophe, en traçant ses observations sur l'histoire de France, a mis sur la route tous ceux qui viendront après lui. Il n'a point vu de Gaule Poétique, mais il a vu la France, pendant quatorze siècles, telle qu'elle exista.

Je voulais, en abrégeant l'ouvrage de ce vertueux citoyen sur sa malheureuse patrie, étendre mes observations sur quelques peuples anciens et sur quelques nations contemporaines, pour arriver ensuite au meilleur établissement du système communal parmi nous. Mais au premier abord, d'immenses difficultés ont arrêté ma plume. L'histoire des communes chez les Grecs et les Romains se lie aux révolutions de ces peuples, et l'on ne peut refaire ni Xénophon ni Plutarque, ni Tite-Live ni Tacite, ni Montesquieu ni Vertot. Que peut-on dire sur les communes en Angleterre, mieux que Hume et Robertson; sur les révolutions de la France depuis Clovis, mieux que Mably? Que si, après de pénibles recherches, je fusse arrivé à l'établissement de la liberté des communes, je veux dire à la création des pouvoirs communaux mis en harmonie avec la Charte, j'aurais été entravé par les plans d'administration communale, que les partisans de l'oligarchie dans les provinces voudraient plutôt rétablir qu'organiser. Je le dis avec douleur : l'éducation constitutionnelle d'un grand nombre de nos provinces est encore à faire. Ce n'est que lorsqu'elles auront long-temps étudié le système représentatif, et que des choix indépendans auront prouvé qu'elles savent à quelles fonctions sont réservés les représentans de la nation; lorsque certains grands propriétaires ou leurs successeurs auront remplacé l'égoïsme par le patriotisme; c'est alors seulement que les assemblées communales et de département, en rapport avec les agens responsables du pouvoir exécutif, pourront, dans l'intérêt des départemens et des communes, imiter nos assemblées législatives dans leurs rapports avec des ministres responsables. Ce moment viendra bientôt. Les efforts de quelques furieux l'accélèrent. Bientôt la chimère de leurs grands patronages s'évanouira, et le peuple, éclairé sur ses droits et sur ses devoirs, n'aura rien à craindre pour la conservation de ses libertés. Jusque-là, laissons les *courageux* partisans de ce qui fut et ne doit plus être, proclamer l'excellence de leurs plans d'administration intérieure ; et bornons-nous, dans l'intérêt des franchises nationales, à poser quelques principes généraux et à retracer quelques faits qui peuvent servir de guide au citoyen, pour la discussion future des grandes questions qu'on ne manquera pas d'élever sur les assemblées administratives.

C'est dans l'histoire des peuples anciens et modernes que je puiserai mes exemples ; je m'arrêterai surtout aux grandes époques de notre histoire. Heureux si une esquisse rapide suffit aux méditations du lecteur, et si, sur ce qui fut dans des temps d'esclavage et d'ignorance, il se pénètre bien de ce qui doit être dans un temps de lumière et de liberté !

CHAPITRE PREMIER.

Des confédérations et des communes chez les anciens.

Comment les premiers hommes se sont-ils réunis? C'est ce qu'il est permis d'ignorer, malgré les ingénieux systèmes de quelques philosophes et l'autorité de la Bible. Mais ce dont on ne peut douter, parce que Dieu lui-même l'a dit à nos cœurs, c'est que l'homme est né libre, et que le premier but que ces sociétés se sont proposé, est de conserver toute la liberté dont l'homme pouvait jouir sans nuire à autrui. Elles ont voulu évidemment, non s'appauvrir par des conquêtes, mais seulement cultiver en sûreté, et s'approprier ainsi le sol et ses produits, en se défendant contre toute invasion. Mais ce pacte primitif, ces conventions mutuelles, n'ont pu être d'abord consenties qu'entre un petit nombre de familles ou d'individus. L'homme de la nature ne s'est en effet rapproché de ses semblables qu'au moment où il a senti sa liberté primitive menacée, sa dignité compromise, les fruits de son travail enlevés par une main ennemie.

La différence des climats n'a été pour rien dans les causes de l'association même. Cependant, la nature, en traçant d'une part sur le globe de vastes plaines incultes, a dû réunir les habitans de ces contrées désertes dans l'objet de subsister des produits bruts de la terre; elle en a fait des peuplades nomades forcées de combattre les peuplades voisines et de les associer à leurs excursions. D'autre part, la nature a limité, par des chaînes de montagnes, par des rivières, par des marécages ou de grandes forêts, l'enceinte où les hommes réunis devaient exercer leurs droits et concourir à leur sûreté commune; elle en a fait des peuples stationnaires jusqu'à ce qu'une impulsion étrangère, la fièvre du corps social, les ait tirés de cet état de repos. C'est ainsi qu'un but commun, celui de pourvoir à sa subsistance et d'assurer sa liberté, ayant réuni les hommes, il s'est formé suivant les lieux deux sortes de gouvernemens; la première, de petites nations resserrées dans des pays divisés par la nature; la seconde, de peuplades errantes sur un immense territoire que la nature n'aurait point divisé. Ces peuplades jouissent d'une extrême indépendance politique, et vivent dans l'esclavage civil le plus rigoureux ; les autres nations jouissent de la liberté civile et politique sous la protection des lois. Ces derniers peuples n'eussent point dû franchir les barrières qui les isolaient, le voisinage des grandes forêts eût exercé leur courage contre les animaux féroces qui les infestaient; mais le sang humain n'eût teint peut-être que le poignard de l'assassin et le glaive de la justice, et l'on n'eût point blasphémé contre l'Être des êtres, en l'appelant le Dieu des armées...... Cet âge heureux où les hommes ne connaissaient de l'univers que l'horizon du sol qu'ils occupaient, et ne possédaient de trésors que les fruits de l'industrie agricole, est l'âge d'or des poètes. Mais l'âge d'or est une fiction, ne cesse-t-on de répéter. En effet, c'est par des fictions qu'il a fallu en tracer le tableau ; et, s'il eût eu des historiens, ce ne serait plus l'âge d'or.

Un premier degré de corruption, le désir d'agrandir leurs rapports sociaux, d'étendre leurs possessions, donna aux hommes les premiers chefs. L'obéissance une fois exigée dut être passive, et porter les conducteurs de chaque peuplade les uns contre les autres. De ces luttes, funestes à tous, naquit le besoin d'une protection réciproque. Le système fédératif fut organisé dans les pays divisés par la nature; tandis que ceux qui ne connaissaient point ces barrières vécurent, quelle que fût leur étendue, sous la domination d'un seul.

Ainsi nous lisons dans la Bible cette distinction entre les enfans du désert issus des fils maudits de notre premier père, et ce peuple chéri du Très-Haut, dont la constance fut éprouvée par son séjour en Egypte et dans le désert, jusqu'à ce que les douze tribus vinssent reconnaître la terre promise aux rives du Jourdain et au pied du Liban.

Ainsi nous voyons, dans Homère, les tribus grecques marchant contre les Troyens sous la conduite d'Agamemnon, et ses *pasteurs*, membres du conseil suprême présidé par ce monarque. Si le fond de la guerre troyenne est une fiction, Homère est le premier législateur des Grecs; si ce fond est vrai, il devait exister entre les souverains des liens antérieurs au motif qui leur fit demander vengeance des insultes du prince troyen. Quoi qu'il en soit, vers le temps où Homère célébrait dans ses chants immortels les exploits des héros de la

Grèce, ces mêmes peuples s'unissaient par un pacte fédéral sous Amphictyon, troisième roi d'Athènes. Ici la constitution de chaque peuple était particulière, et la défense au dehors était commune. Aussi les beaux jours de la Grèce n'éclairèrent-ils que les victoires de Marathon, de Platée et de Salamine. Tout fut perdu dès que le besoin d'une résistance générale contre les Perses ne se fit plus sentir.

Chacun des états de la Grèce avait des députés aux Amphictyons; mais, privée du droit de leur dicter des lois générales, et des forces nécessaires pour les faire exécuter, cette assemblée ne pouvait contenir des républiques indépendantes dans une durable alliance. Elle ne subsista plus que de nom dès que la modération dans le gouvernement fut comptée pour rien : Athènes, respectable sous Thémistocle, florissante sous Périclès, corrompue sous Alcibiade, céda l'empire de la Grèce à Sparte, fidèle à de sévères institutions. Sparte, corrompue à son tour, le céda à Epaminondas et aux Thébains, jusqu'à ce que Philippe eut conquis la Grèce, une et indivisible désormais, pour satisfaire l'ambition du vainqueur d'Arbelles, et du meurtrier de Clitus... Le vaste empire de ce conquérant fut divisé après sa mort; mais nul lien n'unissait ces nouveaux états, et l'héritage d'Alexandre fut dissipé par deux siècles de guerres civiles et étrangères. Ainsi le fut celui de Charlemagne; ainsi l'eût été celui de Napoléon s'il eût conquis et gouverné l'Europe. Avis aux nations!

La nécessité de repousser les Romains rétablit les confédérations dans la Grèce. La ligue achéenne fut conçue sur un plan plus uniforme : elle eut une assemblée et un chef suprême; les cités grecques aliénaient, en s'y incorporant, une partie de leur indépendance. Elle eût donc assis sur des bases solides l'édifice de sa liberté, si Rome ne l'eût envahie à l'instant même; mais elle rendit hommage à son courage, après l'avoir vaincue. Elle distingua la patrie de Philoppemen des autres provinces romaines. La Grèce, conquise, dicta aux Romains des lois plus honorables que celles de la guerre; elle régna sur la reine du monde par les lumières et la philosophie.

L'histoire de la Grèce, jusqu'au moment où elle fut captive, prouve bien certainement deux choses : la première, que le système fédératif, nécessaire dès qu'entre plusieurs peuplades il existe des rapports sociaux, est insuffisant dès que ces rapports se sont étendus. Il faut alors de l'unité dans le gouvernement de chaque cité, et dès que cette unité disparaît, tout le fruit du système fédératif est perdu.

Rome va nous servir d'exemple. Que fit-elle pour marcher à la conquête du monde? Modérée par ambition, elle associa d'abord à la liberté les peuples dont elle avait besoin. Les Sabins vaincus, furent à l'instant citoyens romains; les Latins le devinrent ensuite. Cela ne suffisait point : les autres peuples de l'Italie devaient être appelés à la liberté comme les Romains eux-mêmes. Ils devaient non-seulement exercer chez eux le pouvoir d'administration, le pouvoir municipal, il était encore de l'intérêt de Rome qu'ils envoyassent des députés aux Comices. Ils furent bien, comme le dit Montesquieu, gouvernés long-temps comme des confédérés; mais dès que Rome étendit ses conquêtes hors de l'Italie, cette contrée ne tarda point à subir le joug des autres provinces; mais elle contribua aussi *à venger l'univers vaincu*. Ses longs et sanglans efforts pour recouvrer son indépendance, la guerre des esclaves qui en fut la suite, furent aussi funestes aux Romains, que Scylla élevé par les philosophes grecs, et destructeur d'Athènes, que César, conquérant barbare, lorsqu'il coupait les mains aux défenseurs d'Uxellodumus (1), et cruel dans sa clémence, lorsqu'il pardonnait aux Ligarius pour river les fers de sa patrie; que Cicéron lui-même, si glorieux d'avoir étouffé la conjuration de Catilina, et assez imprévoyant pour ne pas reconnaître qu'en façonnant par son éloquence les Romains au joug d'un despote insolent et de son habile successeur, il ouvrait, au sein de la corruption générale, la carrière aux proscriptions dont il fut la victime, et aux sanglantes exécutions de Tibère, de Néron et de Caligula.

Sans doute lorsqu'un grand état dépérit, on peut assigner mille causes à sa ruine; mais toutes paraissent à l'observateur judicieux les effets d'une cause unique, marchant et arrivant tôt ou tard à un résultat certain. Si Rome se fût bornée, avant d'entreprendre des guerres au dehors, à consolider la république italienne, si elle eût permis aux députés de ses villes d'élever la voix dans l'intérêt de la

(1) Ville du Quercy, dont on voit les ruines sur le Lot, à Capdenac, sur les frontières d'Auvergne; ce fut la dernière ville des Gaules dont César fit la conquête.

sûreté commune, un cri généreux contre les invasions étrangères se serait fait entendre, Annibal eût trouvé le tombeau de ses armées en Italie, et Rome était sauvée.

L'on voit, par l'exemple de la Grèce et de Rome, ce qui distingue la commune de l'état, et l'union des communes sous un chef du système fédératif. La commune, je veux dire la réunion des intérêts dans chaque cité, formait ce que les Grecs appelaient πολισ, dont nous avons fait *police* et peuple *policé;* l'indépendance de chacune formait la république, et la réunion de toutes dans des circonstances données, formait le système fédératif. A Rome, la république était tout entière dans la cité; les autres villes d'Italie, appelées municipales, étaient sous la protection de Rome, pour tout ce qui concernait leurs rapports entre elles et avec la république. C'était un patronage politique que Rome exerçait sur elles, sans lequel peut-être l'union des communes d'Italie en un seul corps n'aurait pu exister.

Le système municipal s'étendit dans les Gaules lorsque, sous les derniers empereurs, les Romains furent hors d'état de gouverner les provinces; et ce qui le prouve, c'est moins l'histoire de ces temps que la nécessité où se trouvaient les successeurs de Théodose d'opposer quelque obstacle aux invasions des barbares; ce qu'ils ne pouvaient faire qu'en intéressant, par leur affranchissement, les Gaulois à se défendre eux-mêmes. Mais les empereurs commirent encore la faute de ne point former un esprit public dans les Gaules, et de les défendre contre Alaric avec les soldats mercenaires dont se composaient leurs armées. Je me trompe : les évêques, qui avaient remplacé les druïdes dans le respect des Gaulois, formèrent cet esprit public de l'attachement au catholicisme contre l'hérésie d'Arius; c'est même là ce qui rendit si facile l'invasion des Gaules par les Francs.

Les Francs, devenus ensuite cruels, superstitieux, vindicatifs, avares, étaient dans l'origine, comme tous les Germains, braves, hospitaliers, de mœurs sévères, aimant la liberté, et craignant les dieux. Pour cela il suffirait de citer Tacite et César, qu'on ne peut accuser de partialité.

Quant à leur extrême indépendance, voici ce que ces historiens rapportent :

« Ils n'habitent point de villes, dit Tacite,
» et ils ne peuvent souffrir que leurs maisons
» se touchent les unes les autres. Chacun laisse

» autour de sa maison un petit terrain ou es-
» pace qui est clos et fermé. »

César dit des Germains : « Qu'ils n'avaient point de magistrat commun pendant la paix ; » mais que dans chaque village les chefs rendaient la justice entre leurs sujets. »

« Les chefs, dit Tacite, délibèrent sur les petites choses, toute la nation sur les grandes ; » de sorte pourtant que les affaires dont le » peuple prend connaissance, sont portées de » même devant les princes. »

Il résulte de ces citations que toutes les lois des Francs, hors une seule, la loi de la maison et de la terre salique, étaient personnelles. Plusieurs terres saliques réunies formaient la commune soumise à un chef rendant la justice entre les sujets, délibérant sur les petites choses, et devant connaître des affaires soumises à la nation. Il en résulte encore que la nation avait dans ses assemblées la puissance législative, les chefs la puissance exécutive, chacun dans leurs communes, à moins que la guerre ne fît élire un chef suprême. Quant à la sanction des lois, à la police des assemblées de la nation, elles étaient réservées aux prêtres, qui apposaient le sceau de la religion sur les expressions de la volonté générale.

L'indépendance des communes réunies seulement pendant la guerre, sous un chef commun, devait ouvrir une vaste carrière à l'ambition de ces capitaines et aux révoltes des soldats; elle devait causer des maux infinis aux peuples qui seraient subjugués par de pareils conquérans, surtout si la soif du butin et l'aveuglement du fanatisme prenaient place dans ces cœurs grossiers, qui ne devaient peut-être leurs vertus sauvages qu'aux forêts qu'ils habitaient.

En résumé, les élémens de la liberté publique existaient d'abord chez les diverses nations dont nous avons parlé; mais elle n'a jamais pu se consolider dans les rapports de chaque cité avec l'état, soit parce que le système fédératif ne liait pas uniformément les cités entre elles par des lois fondamentales et par un pouvoir exécutif fortement constitué, soit parce que les droits des communes ne furent établis qu'à titre de protection de la part d'une puissance formidable qui devait tout envahir; soit enfin parce que, comme chez les Francs, possesseurs d'un trésor encore brut, le système représentatif, le pouvoir du chef, étaient peu de chose pendant la guerre, et n'était rien pendant la paix.

CHAPITRE II.

Des communes, chez quelques nations modernes.

« C'EST la liberté qui est ancienne et le despotisme qui est nouveau, » a dit madame de Staël dans ses Considérations sur la révolution française. Cette vérité est prouvée par l'histoire de tous les gouvernemens que la conquête n'a point formés. Au temps de Rome, presque tous ceux connus étaient républicains, et il fallait aller chercher le despotisme dans les vastes plaines de l'Asie ou sur les sables brûlans de l'Afrique. Rome, dans quelques provinces affaiblit la liberté, dans d'autres elle établit la législation des conquérans; partout, sous la corruption du Bas-Empire, elle prépara la voie aux barbares qui, des bords du Tanaïs, du Volga, et des déserts de la Tartarie, établirent le despotisme dans quelques provinces, ou qui, du sein de leurs forêts et de leurs montagnes, firent peser sur les autres, au lieu du joug d'un seul, le joug de tous les vainqueurs; ce qui forma la domination la plus monstrueuse sous laquelle aient gémi les hommes.

Cependant, au sein des ténèbres épaissies sur l'Europe, la liberté s'emparait de tous les postes qu'elle pouvait enlever à l'anarchie féodale, ou à la tyrannie des princes et du clergé. Ainsi, sous Guillaume Tell, elle fondait la confédération helvétique sur les débris de l'odieux pouvoir des ducs d'Autriche; et les républiques de Venise, de Gênes, de Florence, les duchés de Parme et de Milan, sur les débris du trône des empereurs; et même au pied du Capitole elle essayait de ranimer la tombe des Catons et les cendres d'Émile. Gênes, contre le droit des gens, vient de perdre sa liberté; Venise est régie par la conquête; mais les Suisses au sein de leurs montagnes ont su conserver le bonheur et l'indépendance; heureuse nation, si elle ne trafiquait du sang de ses citoyens!

Au seizième siècle, une poignée de pêcheurs des bords du Zuiderzée, abat la fierté des successeurs de Charles-Quint, dispute l'empire des mers à l'Angleterre, soumet les tribus de l'Inde à ses lois, devient l'entrepôt du commerce du monde, et appelle les flottes de tous les pays au sein même de ses villes bâties par enchantement au milieu des flots. Du moment où elles secouèrent le joug espagnol, un même but rendit libres les provinces de la Hollande. L'insupportable tyrannie de Philippe II fut pour elles comme la flèche de Guillaume Tell. Toute la différence entre l'Helvétie et la Hollande résulta des relations commerciales de cette dernière nation, et de la nécessité d'y établir un magistrat unique, sous le nom de stathouder, à la tête du pouvoir exécutif. Mais dès que le traité d'union fut signé, la représentation nationale s'organisa, et les magistratures populaires s'établirent. Tracé sur un plan uniforme, le système municipal et représentatif resserra les liens des provinces-unies, que l'ambition de la maison d'Orange ne put dissoudre.

L'Amérique nous offre le même exemple que la Hollande et la Suisse. Un cri général contre la tyrannie du gouvernement anglais enflamme, au même instant, les disciples de Penn et les nouveaux esclaves du cabinet britannique. Une même commotion est instantanément communiquée à la chaîne électrique formée par *Francklin*, de Québec aux Florides; et, grâce aux succès des *Washington* et des *Lafayette*, chaque victoire affermit à la fois les droits des citoyens dans la cité, dans la province, et dans l'état. Chaque article des constitutions particulières et de la constitution générale, chaque acte du congrès, rendent le gouvernement des Etats-Unis capable de résister au-dehors, sans devenir menaçant pour les contrées européennes; capable, dans la paix, de conquérir de nouvelles tribus par le seul appât d'une protection réelle, et par la certitude pour elles de ne perdre ni leur religion ni leurs mœurs; capable enfin de rendre dans la guerre ses nouvelles frontières inexpugnables, moins par les armes que par les lois. Quel roi jaloux du bonheur public ne devrait s'honorer d'une telle politique, et chercher, en conservant l'autorité que la constitution lui donne, à modifier l'administration de manière à produire ce résultat? Il importe peu que l'Amérique soit républicaine. Si la famille des Washington ou des Monroë tenait héréditairement les rênes de l'état, tout le changement consisterait pour les Américains à jouir de l'émulation inspirée aux princes par des vertus de famille, à la place de cette rivalité de patriotisme inspirée aux citoyens par les vertus de leurs amis.

Ces exemples nous montrent combien il est avantageux à la liberté que les systèmes municipal et fédératif s'organisent dans les mêmes circonstances, et qu'ils tendent sans cesse à se perfectionner, le premier par l'extension de la liberté des citoyens, le second par l'unité dans la législation, et surtout par la perfection du système représentatif, qui distingue tous les pays libres, quelles que soient d'ailleurs leurs divisions territoriales.

L'Angleterre n'a pas encore atteint à la perfection de ce système, mais avec la réforme parlementaire, elle y parviendra. Le premier pas qu'elle a fait vers la liberté date du jour où, sous le nom de grande charte, un traité solennel fut contracté au treizième siècle entre les nobles et le peuple d'une part, et avec le monarque de l'autre. La part de la noblesse dans l'état une fois faite par la création d'une chambre des pairs, le lien qui unissait les communes, en se fortifiant, a formé cet esprit public que l'on saura toujours reconnaître en Angleterre, et qui rend désormais impossibles les révolutions qui tendraient à changer sa constitution. J'appelle cette union le fédéralisme de tous, et la force réelle des états.

Il est une contrée où le fédéralisme de quelques-uns, je veux dire l'union des seigneurs, souverains dans d'immenses domaines, a servi long-temps de contre-poids au pouvoir du monarque, où le système le plus monstrueux a reçu aussi sa perfection, et où la féodalité une fois abattue, chaque nation indépendante, resserrée dans de plus étroites limites, saura surveiller les actes qui porteraient atteinte aux droits des citoyens; je veux parler de l'Allemagne.

Le gouvernement des provinces de la Germanie sous les derniers successeurs de Charlemagne, était entièrement féodal. Les grands vassaux, indépendans d'un pouvoir que l'empereur tenait d'eux par l'élection, étaient dans ces temps d'ignorance autant de despotes féroces. Henri *l'Oiseleur* et *Othon* le grand ne réglèrent les droits des seigneurs que dans leurs rapports avec le chef de l'union. Mais bientôt la faiblesse des empereurs, leurs longues luttes contre les états d'Italie, et surtout, contre la cour de Rome; les dangers qu'ils couraient à chaque instant de s'avilir devant la tiare, toute-puissante alors, ou de s'attirer des ennemis formidables en bravant les foudres de l'église, rendit leur trône plus chancelant. Les seigneurs profitèrent de leur extrême faiblesse pour augmenter la servitude des peuples. Les guerres civiles éclatèrent de toutes parts; les diètes ne furent plus convoquées: du sein de cette anarchie s'élevèrent une foule de tyrans subalternes qui aspirèrent aussi à l'indépendance.

Les Allemands, lassés de tant de maux, consentirent à conserver les chaînes féodales, mais sous la condition que le gouvernement fédéral ne serait plus une chimère, et que l'autorité de l'empereur serait quelque chose. Il faut admirer ici la pénétration des peuples germains, qui consentirent à régler par des constitutions le despotisme même, et plaindre les Français, désolés vers le même temps par une épouvantable anarchie, qui ne fut remplacée à quelques siècles de là que par le pouvoir absolu du monarque.

Les communes en Allemagne obtinrent, comme en France, leur affranchissement, mais seulement dans les villes; car le joug féodal pèse encore sur les campagnes dans quelques états de la confédération. Cependant, au sein même des envahissemens de la maison d'Autriche, et des électeurs de Brandebourg sur les principautés voisines, alors que le corps germanique était menacé d'une prochaine dissolution, les Allemands ont redoublé d'efforts pour s'opposer au despotisme d'un seul. Luther fut protégé par eux contre Charles Quint, et ce fut un beau spectacle que de voir l'arbitraire dans l'autorité des papes, dans ces temps de scandale pour l'église, flétri publiquement au milieu d'un peuple qui, même dans son aveuglement pour les nouvelles doctrines, montrait assez sa haine contre toute tyrannie. D'un autre côté, le mouvement communiqué à l'esprit humain depuis la découverte de l'imprimerie a porté les Allemands vers la philosophie et la législation. Les principes des lois ont été approfondis. Les savans, les jurisconsultes, les publicistes, n'ont pas tous consacré leur plume à l'agrandissement du pouvoir royal; ils ont songé aussi à l'affermissement de la liberté publique. Les erreurs de Grotius sur l'origine du pouvoir ont été victorieusement réfutées dans les chaires de l'Allemagne, comme celles de Barclay et de Filmer l'ont été en Angleterre. Les philosophes du dix-huitième siècle ont paru à la cour de Frédéric; ils y ont propagé la haine des vieilleries féodales, la tolérance, et l'humanité; dans les plus petits états, ils ont préparé une révolution paisible dans les droits et les devoirs du peuple et des princes souverains; partout, même en Autriche, ils ont mûri les esprits à la liberté.

Je ne m'arrêterai point avec l'abbé Barruel sur les associations secrètes en Allemagne vers la fin du siècle dernier : rien n'était si facile pour un auteur qui n'est point guéri de sa manie de voir du jacobinisme partout, que de prêter à ces assemblées, composées de ce que l'Allemagne possédait de plus distingué, le but de renverser l'autel et le trône. C'étaient là des complots que certains hommes seuls ont conçus, et tenté d'exécuter à Vienne et à Stockholm contre la vie de Léopold II et de Gustave. De semblables corporations ont, au contraire, sauvé la Prusse en 1813, tandis que leurs agens, dans les états du Rhin et en Bavière, soulevaient les esprits contre cette ombre de confédération à l'abri de laquelle Napoléon croyait impunément sacrifier à son ambition les princes et les peuples qui la composaient.

Non, grâce aux lumières dont les progrès répandent dans toutes les veines du corps social la connaissance des droits et des devoirs du citoyen, la place n'est tenable nulle part pour la tyrannie. Elle l'est moins qu'ailleurs dans les états germaniques, grâce à la division de leur territoire. La centralisation, en effet, ne s'y exerçant qu'à de faibles distances, les délégués du monarque n'y sauraient jouir de ces prérogatives et de cette inviolabilité si redoutables dans les grands empires. La féodalité une fois abolie dans les campagnes, ces états, sous la meilleure forme possible de gouvernement, jouissent de toute la liberté que des peuples sages puissent désirer. Mûri par la connaissance des affaires politiques, qui sont devenues les siennes propres, chaque citoyen exerce avec la plus grande liberté le droit d'écrire et d'imprimer. Aussi, après l'Angleterre, l'Allemagne est-elle le pays des penseurs et des publicistes. Newton et Leibnitz, Sidney et Wolf, Locke et Wastel, Bentham et Wieland, Erskine et Daniels, sont immortels sur les bords de la Sprée comme sur ceux de la Tamise. Les Kotzbue, honteusement chassés du grand-duché de Saxe-Weymar, attestent les progrès de l'esprit du siècle, non moins que le bill des droits et l'acte constitutionnel proclamé par le prince souverain de cet état, et la constitution de Bavière, quelque imparfaite qu'elle doive paraître à des Français, à qui tout ce qui tient de la féodalité est en horreur. L'élite des universités d'Allemagne, cette jeunesse, le plus ferme appui de la patrie, est dans cette agitation salutaire, qui ne prélude point à des révolutions, mais qui n'annonce que le désir d'asseoir le gouvernement sur la base la plus solide, la liberté du peuple. Je ne saurais assez répéter que ce n'est point le peuple, que ce n'est point la jeunesse éclairée, qui veulent des révolutions, mais plutôt ces vieux courtisans, ou ces brouillons politiques pour qui l'intérêt général n'est rien, et leur intérêt privé est tout. Mais leur coupable espoir sera trompé; et l'Allemagne fédérative, lors même qu'elle serait entourée de monarchies absolues, serait, sous des gouvernemens constitutionnels, le bouclier contre lequel viendraient se briser les efforts réunis de la vieille Europe.

La Pologne et la Suède nous prouvent mieux que l'Allemagne ce qu'est à la prospérité des gouvernemens la liberté des communes. Dans l'ancienne Pologne, la noblesse seule était la nation; le reste des Polonais avait subi, dans les campagnes, la condition des ilotes. Chacun connaît les malheurs de ce pays, chacun sait comment il fut deux fois envahi, et rayé de la liste des nations. Que pouvait-on attendre d'un peuple esclave, et de maîtres inquiets, ambitieux, rebelles au frein même des lois? C'est sur l'affranchissement des paysans et la liberté des communes que l'empereur Alexandre a fondé la constitution qu'il vient de donner à ce pays. Il n'est vraiment grand que du jour où elle a été proclamée.

Je ne me lasse point d'admirer la constitution suédoise. Elle a divisé la nation en quatre ordres, la noblesse, le clergé, les bourgeois et les paysans. Elle a donné aux deux derniers ordres des députés à la diète; elle a ainsi enlevé à l'oppression des nobles la portion la plus intéressante de la nation, celle-là seule qui fait sa force réelle, en donnant à la patrie des soldats et du pain; et a ainsi assuré à la Suède une existence à jamais indépendante. Pourquoi, nous Français, n'avons-nous pas signalé l'abolition de la féodalité par l'établissement d'un ordre de paysans? Il eût éloigné de nous tout danger de suprématie nobiliaire; chacun, au sein de nos florissantes campagnes, serait fier aujourd'hui de faire partie d'un ordre chéri de notre grand Béarnais, comme il l'est aujourd'hui du Béarnais appelé par le vœu des Gascons du nord au trône de Charles XII et de Gustave Adolphe.

De ces exemples, même en y comprenant l'Allemagne, qui tout entière aspire aujourd'hui à jouir des droits constitutionnels, l'on doit conclure que, sans l'entier affranchissement des communes, et sans un système municipal dégagé de tout élément aristocratique, il n'y a ni liberté pour les peuples, ni sûreté pour les gouvernemens. C'est ce que va prouver encore un aperçu rapide sur les pricipales époques de notre histoire.

CHAPITRE III.

Des tentatives faites pour établir en France le système municipal.

Première époque. — *De Clovis à Louis-le-Gros.*

Dans les chapitres qui vont suivre, les faits se succèderont avec une telle rapidité que je me trouve forcé de faire le moins de réflexions possible; le lecteur les fera pour moi.

Les Gaules furent envahies, en même temps, au nord, par les Francs; à l'est, par les Bourguignons; au midi, par les Visigoths. Les Francs, qui conquirent la partie septentrionale, n'avaient point, comme je l'ai dit, de monarque héréditaire; ils vivaient sous un gouvernement fédératif, comme les peuples germains, et suivaient dans la guerre les ordres d'un capitaine, élevé sur le pavois par ses compagnons d'armes.

Deux partis s'offraient à Clovis et à ses premiers successeurs. Chef d'une armée aguerrie, Clovis pouvait, après la bataille de Tolbiac, et les conquêtes qui la suivirent, diviser la Gaule en un nombre infini de domaines héréditaires, et s'assurer, sur des vaincus et des vainqueurs également superstitieux, un pouvoir héréditaire par la force de la loi salique et par le prestige du sacré, et même par l'ascendant de son féroce caractère. Par ce moyen, il eût régné en monarque absolu; mais, avant l'époque où parut Charlemagne, une sourde agitation se fût manifestée : l'excès de l'oppression eût amené sous les derniers Mérovingiens une insurrection générale; et un traité entre les seigneurs et les serfs d'une part, et les rois de l'autre, eût peut-être fixé, comme en Angleterre, les droits et les devoirs du peuple et du monarque.

Il eût pu encore, traitant également son armée et ses nouveaux sujets, introduire dans les Gaules le gouvernement des Francs de la Germanie. Mais de grands obstacles s'opposaient à cette entreprise.

J'ai rapporté, d'après Tacite, que les prêtres avaient chez les Germains la police des assemblées de la nation. Les Francs, convertis, étaient donc disposés à la vénération pour les évêques; et les Gaulois, qui les voyaient à la tête de l'empire, les regardèrent comme leurs libérateurs par la conversion des Francs. Le clergé entra dans les assemblées de la nation; mais, gouverné par les lois romaines, il crut être encore sujet d'une monarchie, quand il était devenu le premier corps d'une république; il oublia que l'apôtre des Gentils, en prêchant obéissance entière aux puissances, avait recommandé seulement qu'il ne fût rien changé à l'ordre politique des sociétés.

Les Francs étaient barbares; mais, resserrés dans leurs forêts, ils n'offraient qu'une réunion d'hommes simples et courageux. Ils ne devinrent féroces que par les obstacles que leur présenta la conquête, non de la part des

Gaulois, mais de la part des Bourguignons et des Visigoths ; et, de plus, à des vices féroces ils joignirent les vices lâches qu'ils avaient trouvés dans les Gaules, et furent cruels de sang-froid. Flattés par le clergé, irrités par les grands, les princes se crurent tout permis ; ils osèrent même prendre sous leur protection l'assassin qu'ils avaient chargé du soin de les servir.

Les leudes, ou officiers francs, obtinrent d'abord des terres, à titre de bénéfice temporaire. Mais ils voulurent s'y maintenir par les armes, d'autant mieux que ces récompenses n'étaient plus le prix du courage, mais celui de la bassesse, souvent même le prix du sang. A des distances éloignées du siége du gouvernement, ils refusaient de se rendre aux assemblées de la nation, et préféraient combattre leurs voisins, ou insulter à leurs nouveaux esclaves, que de s'exposer à la privation de leurs bénéfices. Le roi ne les convoqua plus : entouré de ses officiers et de quelques évêques, ou plutôt endormi sur le trône, il devint l'esclave des tyrans qui se succédèrent jusqu'à Charlemagne, sous le titre de maires du palais. Dans cette confusion, la nation fut au pillage ; et la force fut le seul législateur connu.

Comment, dès-lors, les Gaulois pouvaient-ils prendre les lois des Francs? Ils eussent pu dès l'invasion embrasser la liberté; mais après Clovis ils n'auraient que changé de tyrans; ils n'eurent rien à envier à leurs vainqueurs, dès que l'arbitraire s'introduisit partout, et qu'on osa appeler lois les monstrueux caprices des Frédégonde et des Brunehaut.

Ainsi s'était évanouie, par l'oppression des Gaulois, par l'anarchie des leudes, par le despotisme des maires du palais, jusques à l'ombre de la liberté en France.

Charlemagne vint et rétablit l'ordre. Supérieur à son siècle, il vit le mal et le remède; mais il voulut tracer son plan sur un trop grand espace, et n'eût que le malheur de n'être pas immortel. Tous ses capitulaires prouvent qu'il voulut allier, sous une monarchie élective dans sa famille, les systèmes représentatif et municipal. Pour contribuer à leur succès, il eût dû d'abord aller à la source du mal, et écraser sans pitié les nombreux tyrans qui se déchiraient mutuellement sur le sol dévasté de la France. Il devait dissiper jusqu'au dernier vestige de l'insolent traité *des Andelys*, anéantir les bénéfices à vie, et enlever au clergé toute part dans le gouvernement, en lui conservant sur les peuples son autorité morale : mais ses sujets étaient aussi barbares et plus vicieux que sous Clovis. Charles, plus prudent, commence par éclairer le peuple ; il appelle les savans à sa cour ; il force la noblesse et le clergé à se rendre régulièrement au champ de mars, convoqué deux fois par an ; et en y appelant les députés du peuple, il en fait une véritable assemblée nationale.

En même temps qu'il organisait le système représentatif, il envoie dans chaque comté des commissaires appelés *Missi dominici*, et crée les assemblées (1), dont l'ensemble formait

(1) « On traitait dans ces assemblées de toutes les affaires de la province. On examinait la conduite des magistrats, et les besoins des particuliers. Quelque loi avait-elle été violée ou négligée, on punissait les coupables. Les abus en naissant étaient réprimés, ou du moins ils n'avaient jamais le temps d'acquérir assez de force pour lutter avec avantage contre les lois... La nation entière avait les yeux continuellement ouverts sur chaque homme public ; les magistrats, qu'on observait, apprirent à se respecter eux-mêmes ; les mœurs, sans lesquelles la liberté dégénère toujours en une licence dangereuse, se corrigèrent ; et l'amour du bien public, uni à la liberté, la rendit de jour en jour plus agissante et plus salutaire. » (Mably, *Observations sur l'Histoire de France*, liv. II, chap. 2.)

l'union présidée par Charlemagne, et ayant la nation pour législateur. Il maintient encore l'établissement du jury formé de douze hommes libres : de telle sorte que la nation partage non-seulement le pouvoir législatif avec le prince, dans les assemblées du champ de mai, mais encore la puissance administrative et le pouvoir de juger dans chaque légation.

Ce système portait en lui un germe de destruction indépendant du caractère et des préjugés des Français. Les représentans au champ de mai et dans les légations n'avaient qu'une autorité précaire. Il n'existait pas de loi fondamentale combinant pour le bonheur de la nation le système représentatif et les droits des citoyens dans chaque comté. L'empire était donc heureux et libre sous le bon plaisir de Charlemagne; mais la noblesse, essentiellement révolutionnaire tant qu'elle serait quelque chose, le regarda comme un usurpateur, et parvint à s'assurer, sous les enfans rebelles de Louis-le-Débonnaire et au sein de l'invasion des Normands, la légitimité des désordres et des forfaits. Alors les bénéfices changèrent de titre, l'absurde gouvernement féodal fut héréditairement établi. Les lois ne furent plus autre chose que les caprices dictés du haut de leurs donjons, par des maîtres féroces, à des serfs abrutis par la superstition et la misère. Les lois de l'humanité foulées aux pieds, on ne vit plus que des brigands et des victimes, des forteresses et des cachots.

Quelle voix eût pu invoquer le règne des lois au sein de cette épouvantable anarchie? Quel homme, montrant au peuple les traces sanglantes des fers qui avaient chargé ses mains, eût osé, comme dans les beaux jours de Rome, changer le cri de l'humanité en un cri de vengeance?

Ici l'on voit s'écrouler le trône des empereurs français, et la couronne devenir le patrimoine féodal d'Hugues Capet, duc de France, et comte de Paris et d'Orléans. Le traité fait avec lui par les seigneurs traitant d'égal à égal, légitima sa nouvelle suzeraineté, et fit revivre en sa faveur le titre de roi, mais à condition qu'ils seraient aussi souverains dans leurs domaines. Alors tout était érigé en fiefs, même l'affranchissement de certaines coutumes et la cession de certains droits.

Au milieu de tant de désordres, les successeurs d'Hugues Capet, ne pouvant ouvertement reconquérir l'empire, se font médiateurs entre les seigneurs du premier et même du second ordre, s'allient à leurs familles, et cherchent surtout à rompre l'équilibre de leurs pouvoirs respectifs.

Cependant le fanatisme inspirait la manie des croisades, et poussait l'Europe vers l'Asie. Ces émigrations ne furent pas sans avantage pour les peuples. La terre classique des lumières jetait encore une clarté bien faible. Ces illustres aventuriers, armés plus pour le pillage des mosquées que pour la conquête de la croix, surent rapporter en Europe quelques étincelles d'un feu non encore éteint. Au reste le clergé, en excitant ces levées de boucliers, chercha surtout à se défaire d'une noblesse ennemie, pour agrandir plus sûrement son pouvoir : du moins est-il certain qu'il ne fut jamais plus puissant qu'alors. Il est vrai qu'il était seul chargé du dépôt de quelques connaissances encore grossières, quand la noblesse par orgueil, le peuple par nécessité, croupissaient dans une profonde ignorance. Le clergé et le roi unirent leurs efforts contre les seigneurs, et chaque jour fit de nouvelles brèches au gouvernement féodal.

CHAPITRE IV.

Continuation du chapitre précédent.

IIe époque. — *De Louis-le-Gros à Charles VIII.*

La condamnation à mort de Jean-sans-Terre, duc de Normandie, par les barons de Philippe-Auguste, la réunion à la couronne de la Normandie, de l'Anjou, du Maine, de la Touraine, du Poitou, de l'Auvergne et du Vermandois, avaient rendu le roi de France supérieur aux chefs des autres provinces. Ces derniers, appauvris par la misère de leurs sujets, respectèrent moins que jamais les terres de leurs voisins; ils en pillèrent les habitans, mirent même sur les chemins publics les passans à contribution; leurs voisins usèrent de terribles représailles, qui firent dans ces temps désastreux le droit commun de la France. Louis-le-Gros, dont les terres n'étaient point respectées, chercha à réprimer ces brigandages, en armant les communes du droit de les repousser; mais il leur vendit comme un privilége ce droit naturel et imprescriptible.

Quelques seigneurs souverains furent plus habiles, en accordant aux communes, je veux dire, aux cités enclavées dans leurs domaines, des chartes plus avantageuses.

« Les villes, dit Mably, devinrent en quelque sorte de petites républiques. Dans les unes, les bourgeois choisissaient eux-mêmes un certain nombre d'habitans pour gérer les affaires de la communauté; dans d'autres, le prévôt, ou le juge du seigneur, nommait ces officiers, connus sous le nom de *Maires*, de *Consuls* ou d'*Echevins*. Ici, les officiers en place désignaient eux-mêmes leurs successeurs; ailleurs, ils présentaient seulement à leur seigneur plusieurs candidats, parmi lesquels il élisait ceux qui lui étaient les plus agréables. Ces magistrats municipaux ne jouissaient pas partout des mêmes prérogatives : les uns faisaient seuls les rôles des tailles et des différentes impositions, les autres y procédaient conjointement avec les officiers de justice du seigneur. Ici, ils étaient juges, quant au civil et au criminel, de tous les bourgeois de leur communauté; là, ils ne servaient que d'assesseurs au prévôt, ou n'avaient même que le droit d'assister à l'instruction du procès. Mais ils conféraient partout le droit de bourgeoisie à ceux qui venaient s'établir dans leurs villes, recevaient le serment que chaque bourgeois prêtait à la commune, et gardaient le sceau dont elle scellait les actes.

» Les bourgeois se partagèrent en compagnies de milice, formèrent des corps réguliers, se disciplinèrent sous des chefs qu'ils avaient choisis, furent les maîtres des fortifications de leurs villes, et les gardèrent eux-mêmes. Les communes, en un mot, acquirent le droit de guerre, non pas simplement parce qu'elles étaient armées, mais parce que les seigneurs leur cédèrent leur propre autorité, et leur permirent expressément de demander, par la voie des armes, la réparation des injures et des torts qu'on leur ferait.

» Quelques communes, non encore affranchies, se révoltèrent et arrachèrent à leurs seigneurs les concessions les plus libérales; d'autres, par une générosité qu'on ne saurait trop admirer dans ces temps de barbarie, se contentèrent d'obtenir d'eux l'aveu de l'injustice de leurs prérogatives, et de l'absurdité de leur pouvoir. » (Mably, *Observations sur l'Histoire de France*, liv. III, chap. 7.)

C'était une belle occasion pour les Français de se rendre libres. Si les princes, dans chaque province, eussent mieux entendu leurs intérêts, ils se seraient unis par une ligue dont la liberté des communes eût été la base; et ils n'eussent point attendu que leur affranchissement vînt du roi ou des barons, qui leur devaient foi et hommage. Au moyen de ce puissant levier ils auraient abaissé l'orgueil des barons, resserré le pouvoir du monarque, et auraient donné à la France le gouvernement de l'Allemagne, si le roi de France, plus fort que l'empereur, n'eût, en se délivrant des grands vassaux, et en donnant la main aux barons et au peuple, fait revivre, avec une double chambre, la constitution anglaise.

Il n'en fut point ainsi : l'extension de la puissance du roi et du clergé prolongea indéfiniment le cercle au bout duquel il fallait parvenir à ce dernier but.

Louis IX sut habilement profiter de l'anarchie qui régnait encore dans le gouvernement des fiefs et dans les justices seigneuriales, pour étendre ses prérogatives et celles du clergé, auxiliaire naturel du pouvoir royal. Le clergé jugeait, non par le combat, mais par les épreuves de l'eau et du feu, et par quelques maximes du code Théodosien, dont il conservait précieusement le dépôt. Louis IX s'empara de ces maximes, et en fit les règles de la justice dans les terres de sa dépendance. Il ne dicta pas des lois, il donna des conseils : c'est ce qu'apprennent *Beaumanoir* et *Desfontaines*, les premiers légistes français que nous connaissions. Ce fut aussi comme arbitre que Louis connaissait des différens entre les vassaux de ses domaines. Ce monarque, aussi recommandable par ses vertus politiques que par sa piété, eût, en faisant chérir de plus en plus son pouvoir, rendu les seigneurs à des sentimens plus humains et plus raisonnables, si le trépas d'un martyr ne l'eût ravi à l'amour des Français sous les murs empestés de Damiette.

Antérieurement au règne de S. Louis, le roi avait auprès de lui une cour de seigneurs, rendant la justice en son nom et en sa présence. Cette cour fut appelée dans la suite son parlement. Bientôt des justices royales furent créées, dans les fiefs même indépendans de ses domaines. Ces bailliages ne tardèrent point à remplacer la seule chose qui restait de l'ancien système représentatif et municipal, le jugement par les pairs. Il faut voir dans Montesquieu comment cette manière de procéder se perdit.

« Lorsque le code obscur des établissemens

et d'autres ouvrages de jurisprudence parurent; lorsque le Droit romain fut traduit; lorsqu'il commença à être enseigné dans les écoles; lorsqu'un certain art de la procédure, et qu'un certain art de la jurisprudence commencèrent à se former, les pairs et les prud'hommes ne furent plus en état de juger. Les pairs commencèrent à se retirer des tribunaux du seigneur; les seigneurs furent peu portés à les assembler, d'autant mieux que les jugemens, au lieu d'être une action éclatante, agréable à la noblesse, intéressante pour des gens de guerre, n'étaient plus qu'une pratique qu'ils ne savaient ni ne voulaient savoir. La pratique de juger par pairs devint moins en usage; celle de juger par baillis s'étendit. Les baillis ne jugeaient pas, ils faisaient l'instruction, et prononçaient le jugement des prud'hommes (ou experts); mais, les prud'hommes n'étant pas en état de juger, les baillis jugèrent seuls.

» Cela se fit d'autant plus aisément, qu'on avait devant les yeux la pratique des juges d'église. Le Droit canonique et le nouveau Droit civil, concoururent également à abolir les pairs. » (Montesquieu, *Esprit des Lois*, liv. XXVIII, chap. 42.)

Le corps des lois romaines, que les baillis

et les parlemens appliquaient à toutes leurs décisions, servit alors de régulateur politique. Les Français avaient perdu de vue les traditions de leur liberté primitive; ils embrassèrent avidement la définition du Droit romain, *Lex est voluntas summi imperantis*, et la maxime gothique, que j'ai entendu rappeler, non sans étonnement, dans notre gouvernement représentatif, *Si veut le roi, si veut la loi.* Les magistrats, qui n'étaient pas nommés à vie, se montrèrent les courtisans les plus assidus. Tous les jours ils firent des titres au roi par leurs arrêts; non-seulement ils autorisèrent toutes les entreprises des baillis et des sénéchaux, mais ils en firent continuellement eux-mêmes sur les grands vassaux; et Louis-le-Hutin fut obligé de modérer leur zèle; tant les grands vassaux étaient encore redoutables !

Dans ces circonstances, un nouveau Charlemagne eût pu affranchir les campagnes, et faire tomber les chaînes qui pesaient sur leurs habitans. Mais ce n'est pas pour le peuple que Philippe-le-Bel monta sur le trône, il ne voulait qu'augmenter sa puissance, et il y parvint par des voies que nul monarque ne devrait suivre, par l'ambition, l'avarice, la dissimulation et l'égoïsme. Il préféra tromper ses vassaux, que les soumettre; les humilier sans fruit, que leur enlever le droit de guerre : il se servit tour-à-tour des seigneurs pour accabler le peuple, et du peuple pour résister aux seigneurs; il attaqua les droits du clergé, et parut, en ordonnant sur les Templiers le plus monstrueux des assassinats judiciaires, ne céder qu'aux volontés du pape, pensant assurer par-là son empire; il détruisit la confiance publique, en altérant ouvertement la valeur des monnaies; enfin, après avoir semé la haine entre les trois corps de l'état, il osa les réunir sous le nom d'états-généraux, pour donner à la nation une apparence de liberté, mais, dans la réalité, pour avoir sous les yeux l'effet des passions qu'il avait fomentées lui-même. Mais Philippe et ses successeurs s'effrayèrent d'avance de l'influence des trois corps de l'état réunis, si jamais les droits originaires de la nation leur étaient révélés; et, comme si la France eût formé deux peuples distincts, ils divisèrent les états-généraux en deux, ceux de la *languedoc* et de la *languedoyl*, en-delà et en-deçà de la Loire.

Cependant d'affreux orages se préparaient. Edouard III, roi d'Angleterre, s'étant déclaré le compétiteur à la couronne de France de Philippe de Valois, ce dernier s'était vu forcé par une guerre ruineuse à créer les impôts les plus onéreux. La nation, mécontente, vit le roi Jean, son fils, forcé de convoquer les états-généraux pour subvenir aux frais de la guerre; mais ces états, au lieu d'en agir avec lui comme les barons anglais l'avaient fait avec Jean-sans-Terre, firent un traité conditionnel par lequel ils renonçaient au droit de réformer les abus, et de subvenir aux besoins du royaume. L'agitation des esprits augmenta, le roi fut vaincu et fait prisonnier à Poitiers. De nouveaux états convoqués sous le dauphin, son fils, le 17 octobre 1356, mécontens de la situation de l'état, comme ils devaient l'être, osèrent faire entendre la vérité; mandataires du peuple, ils demandèrent la punition des courtisans qui avaient dilapidé la fortune publique, et refusèrent l'impôt de guerre si leur voix était méconnue. Pouvait-on présumer que le jeune prince sacrifierait la liberté de son père, le sort de la France, à l'impunité de ses lâches ministres? C'est cependant ce qui arriva; à leur instigation, les états-généraux furent dissous. Mais les assemblées provinciales furent inflexibles aux demandes de Charles, qui se vit forcé de déposer vingt-deux officiers dont les noms sont justement flétris. Parmi eux étaient les chefs du parlement, qui n'en restèrent pas moins les conseillers du prince.

Les états de l'année suivante voulurent réformer tous les abus, et eurent encore le malheur de ne pouvoir traiter de la liberté publique. Le dauphin résista encore aux états. Paris se souleva. Le dauphin fut forcé de quitter ses murs. Le Cocq, évêque de Laon, et Marcel, prévôt des marchands, voyant la nation sans boussole, et ne pouvant maîtriser l'agitation qu'ils avaient suscitée, s'attachèrent en aveugles au roi de Navarre, prince ambitieux et cruel, qui ne cherchait qu'à laver ses injures privées; et ces généreux partisans de la liberté ne furent regardés par le dauphin que comme de vils conjurés. L'anarchie succéda à l'ordre; Paris forma une démocratie sans lois, sans moyens de s'étendre dans les provinces, qui à leur tour étaient dévastées par le peuple des campagnes révolté contre la tyrannie des seigneurs. La guerre dite de la Jacquerie conduisit par les désordres au despotisme, comme toutes les guerres civiles, mais les principes éternels de la politique furent au moins proclamés devant le monarque par l'abandon même que les seigneurs de la *languedoyl*, convoqués à Compiègne, firent de leurs droits en sa faveur. Cette assemblée reconnut le principe que les subsides *ne sont que des dons gratuits que la nation peut refuser;* mais elle abandonna tout le pouvoir au roi, à condition qu'il ne statuerait rien sans l'avis de trois de ses ministres, qui contresigneraient ses ordres, ou du moins y mettraient leur cachet *s'ils ne savaient pas écrire leur nom*. Avec de telles garanties, quel espoir fonder sur la liberté publique?

Ainsi la complaisance de quelques hommes sans mandat privait la France des droits imprescriptibles dont elle avait hérité des peuples libres de la Germanie; et Charles V, habile sans doute, mais moins sage que ne le font quelques historiens, ne songeait qu'à endormir la nation sur les bords d'un volcan.

Il faut que les révolutions s'accomplissent; et le torrent dont on ne veut pas diriger le cours entraîne tôt ou tard, après les avoir sourdement minées, toutes les digues qu'on lui oppose.... Après la mort de Charles V, les prétentions des ducs de Bourgogne, de Bourbon, et du régent, le duc d'Anjou, rallumèrent la guerre civile. Ce dernier pilla en un jour le fruit des économies de Charles V, et rétablit les taxes arbitraires; le peuple se révolta de nouveau, les états refusèrent deux fois les impôts qu'il ne fallait que réduire. Charles VI, occupé alors à une expédition étrangère, rentra dans Paris comme dans une ville prise d'assaut, et la livra au pillage; trois cents bourgeois de Paris, dont la richesse était le seul crime, furent jetés dans les cachots et assassinés avec le fer des lois. Après ces atroces exécutions, la capitale fut ruinée par une contribution de 400,000 fr., somme énorme dans un temps où l'argent, très-rare, ne valait que cent sols le marc; et où Paris, renfermé dans une étroite enceinte, n'était pas le gouffre où les fortunes du royaume viennent s'engloutir. Mais les malheurs de la France n'étaient point à leur terme. Pendant la démence de Charles, le duc de Bourgogne et le duc d'Orléans se disputent la régence; le premier fait assassiner son rival sur le pont de Montereau; et ce lâche attentat, inspiré par le démon des guerres civiles sur les lieux mêmes où le génie du patriotisme devait de nos jours triompher de l'Europe conjurée, devient le signal de désordres qu'on ne peut lire sans horreur. Au sein de cette anarchie, les Armagnacs et les Bourguignons ouvrent, par leurs fureurs, aux Anglais, les portes de la France dévastée, et la perte de la bataille d'Azincourt met le comble aux malheurs de la patrie, et livre Paris sans défense au roi d'Angleterre. Champs de Crécy, de Poitiers, et d'Azincourt, vous attesterez à nos neveux que la France ne peut être vaincue que par la guerre civile!

Charles VII fut déchu de ses droits, et jugé coupable de lèse-majesté par le parlement de Paris soumis à Henri V. Et Charles VII, proscrit, languissait dans les bras de sa maîtresse. Une femme le rendit à lui-même : Jeanne d'Arc, victorieuse des Anglais, le tira de sa honteuse retraite, et le porta au trône. Il s'y trouva soutenu par les grands des deux partis que l'infortune avait unis, et qui surent régner sous son nom; et il rendit inutile la convocation des états-généraux, en créant un corps d'armée permanent et des tailles perpétuelles; établissemens qui devaient être le tombeau de la liberté, comme l'augurait le sage *Commines*.

Louis XI, ambitieux, dissimulé, et froidement cruel, trouva tout disposé pour usurper un pouvoir absolu. Il essaya d'abord de la politique de Philippe-le-Bel; et, pour mettre plus aisément le royaume *hors de page*, il convoqua deux fois les états-généraux à Tours, après avoir dissipé la ligue insensée dite *du bien public*, bien assuré que les deux assemblées obéiraient aveuglément à ses volontés. Elles se démirent en effet de leur autorité, en l'abandonnant tout entière au roi, et cela dans un moment où les provinces étaient dans un état complet d'épuisement, et avaient le plus besoin d'être libres.

Sous Louis XI, les grands vassaux, autrefois indépendans, étaient entièrement soumis. Mais la noblesse n'en conserva pas moins l'espoir de recouvrer sa souveraineté. A la cour, elle avait des honneurs; dans les campagnes, elle conservait ses châteaux et ses serfs; dans les armées, elle occupait les postes les plus éminens. Elle avait été jusqu'à ce jour le foyer de l'anarchie, elle devait être désormais l'instrument du despotisme; le peuple seul était destiné à voir ses droits méconnus par l'aveuglement des princes et des grands. Il est à remarquer cependant qu'aux époques que nous venons de parcourir, le peuple se trouvait dans un état d'agitation presque dans toute l'Europe. En Angleterre, la grande charte avait été dictée au roi Jean; en Allemagne, le gouvernement fédératif s'était organisé; en Italie, Gênes et Venise avaient proclamé leur indépendance; Guillaume Tell avait délivré son pays du joug autrichien. Le succès de la guerre de la Jacquerie eût peut-être délivré les campagnes d'un pouvoir odieux, si les communes, ou les cités, eussent vu dans les paysans, réduits au désespoir, des frères qu'il fallait venger. Mais la guerre étrangère était alors un obstacle à l'établissement de la liberté. Quel que soit le but dans lequel elle ait été suscitée, le peuple n'en recueillit que des fruits amers. Mais dans tous les temps, les grands qui appellent les ennemis sur le sol de leur patrie, sont frappés à leur tour. Dans des temps barbares, le despotisme s'affermit; dans les siècles des lumières et de la philosophie, au contraire, la liberté ressemble à la grandeur romaine.

Merses profundo, pulchrior evenit.

HOR

CHAPITRE V.

Continuation des chapitres précédens.

IIIᵉ Époque. — *De Charles VIII à Louis XVI.*

CEPENDANT une révolution dans les mœurs et l'esprit général de l'Europe allait éclater, préparée par les agitations politiques.

Les Grecs dégénérés, chassés de Constantinople par les Ottomans, se réfugièrent en Europe, et y portèrent le goût des lettres, et en même temps les puériles subtilités de leur philosophie, les habitudes de l'esclavage, et les trésors littéraires de Rome et d'Athènes, le remède aux maux présens avec son antidote.

L'odieuse conduite des pontifes qui s'étaient succédé depuis plus d'un siècle, l'aveugle ambition de la cour de Rome, les tributs arbitraires qu'elle imposait aux peuples et aux souverains, ouvrirent les yeux à quelques témoins de ses désordres ; l'on compara ses maximes avec celles de l'évangile, et l'on fronda les abus sans ménagement. Luther donna le signal : sa doctrine fut frappée d'anathême ; mais il trouva des protecteurs parmi les princes fédérés d'Allemagne, et sa conduite ne coûta ni des Saint-Barthélemy ni des dragonnades. Calvin établit des principes à-peu-près semblables, mais sans trouver des appuis aussi sûrs, sans arrêter les torrens de sang qui, dans un empire vaste et soumis à un maître absolu, devaient couler pour sa cause.

Un nouveau monde s'ouvrait devant Colomb, et cédait aux châteaux ailés et aux foudres de Pizarre et de Cortez ; mais, en donnant à l'Espagne ces trésors qui l'ont si fort appauvrie, il n'offrait de triomphe que celui du fanatisme, amoncelant, au nom d'un dieu de paix, d'innocentes victimes sous le fer des bourreaux ; de conquêtes que celles de plages dépeuplées ; et d'autres bienfaits pour le monde que celui d'un mal qui empoisonne héréditairement les sources du plaisir et de la vie.

Enfin les bords du Rhin virent découvrir à-la-fois le moyen de multiplier les connaissances humaines, et avec elles la prospérité des nations, et celui de rendre les guerres plus décisives, mais plus sanglantes, et d'appesantir ainsi sur l'humanité le droit du plus fort (1).

Les guerres ne devaient plus être en quelque façon domestiques, comme elles l'avaient été jusques-là ; et la France se trouvait dans un tel état d'agitation, qu'il fallait se hâter d'user l'humeur belliqueuse des grands dans des invasions étrangères. La conquête de l'Italie fut tentée par Charles VIII. Cette entreprise, commencée sous de funestes auspices, fut continuée par Louis XII et François Ier avec un mélange étonnant de succès et de revers, et avec une légèreté de politique bien digne du caractère des Français d'alors.

Nul prince n'entra mieux que François Ier dans les mœurs de sa nation ; et grâce à cette légèreté qui faisait alors gouverner au jour le jour, rien ne fut plus vrai que ce qu'il dit après la bataille de Pavie : *Tout est perdu, fors l'honneur.* L'occasion était moins favorable pendant sa captivité que pendant celle du roi Jean, pour briser le joug féodal dans les campagnes, et rendre dans les communes affranchies l'administration uniforme. Mais

(1) Découvertes de l'imprimerie et de la poudre à canon.

on ne songeait qu'à étendre les prérogatives des grands; et François Ier, au retour de sa captivité, chercha à humilier les grands sans se mettre en peine des souffrances du peuple. On eût dit que Charles-Quint, à Madrid, lui avait donné des leçons de despotisme. Il eut à sa solde une armée de délateurs et de courtisans; les courtisans payaient leur humiliation à la cour par leur tyrannie dans les provinces, et les délateurs étouffaient les murmures du peuple et les plaintes de la nation. Les poètes eux-mêmes, la plupart favoris du monarque, ne consacraient leurs veilles qu'à célébrer le prince, les seigneurs, ou la galanterie, ce *perpétuel mensonge de l'amour*, dans un pays où il fallait tout déguiser. Au milieu des fêtes de la cour, au sein des préparatifs de guerre contre Charles-Quint, et en faveur des princes d'Allemagne partisans de Luther, les massacres de *Mérindol* contre les premiers sectateurs de Calvin, glaçaient d'effroi tous les cœurs, et préludaient à des querelles plus sanglantes encore que celles des Maillotins, de la Jacquerie, et des Armagnacs.

J'écarte ici cette longue et épouvantable histoire de nos guerres de religion, mais je ne puis passer sous silence leur funeste influence sur les droits des communes. L'exemple de quelques hypocrites dont la conduite était un blasphême continuel, fit considérer la religion catholique comme celle du despotisme, et les maximes de la religion réformée comme favorables aux progrès de la liberté. C'est une erreur grave qu'il faut poursuivre partout, dans un royaume où la constitution déclare la religion catholique celle de l'état. Si quelque chose cependant pouvait autoriser cette erreur, c'était le concordat de François Ier et de Léon X, source de tant d'odieuses persécutions. L'Hôpital, lui seul parmi les chefs catholiques, n'avait d'ambition que celle du bien public; tous les autres ne voulaient que satisfaire une ambition ou des vengeances privées. Le parti des politiques lui-même, dont le siége s'établit à Nîmes, et qui paraissait vouloir fonder le gouvernement populaire, se composait d'un trop petit nombre de vrais citoyens, pour obtenir le moindre succès. Non, ce n'était pas le gouvernement populaire qui pouvait s'étendre en France. Alors en effet, la nation semblait avoir abjuré ses droits naturels; et chaque parti, celui même des réformés, eût pensé dénaturer sa cause si l'intérêt public eût eu quelque part dans cette guerre d'extermination entre les novateurs et les fanatiques. Il eût fallu d'ailleurs enlever aux Guise leur esclave; et François de Guise était trop ambitieux ou trop adroit pour rétablir, en donnant aux grands des deux partis le signal de la révolte, le gouvernement féodal des derniers Carlovingiens, ce qui eût forcé le peuple à relever le trône de Henri III sur les débris de la féodalité; mais ce prince, bien digne de pitié, ne put secouer le joug de François de Guise, son maître, qu'en le faisant assassiner à Blois, et périt lui-même victime d'un assassin soudoyé par les Guise.

La nation épuisée par tant de désastres, à l'avènement de Henri IV, ne demandait qu'un maître; elle obtint un père, jaloux de l'affection de ses enfans. Son premier vœu fut pour les pères nourriciers de l'état, pour la liberté des campagnes, pour l'entier affranchissement des communes : l'amant de Fleurette (1), le convive du bon Michaut, l'ami de

(1) Il faut lire dans le premier volume de l'*Hermite en province*, le récit des premières amours du bon roi. Ce tableau, plein de fraîcheur et de suavité, est tracé de main de maître.

son peuple (et ces titres valent bien, pour un monarque, ceux de conquérant et de triomphateur), eût, par ses institutions, assuré la félicité publique, l'empire de la tolérance et celui de l'humanité, après avoir réduit le pouvoir des grands, et rendu le royaume indépendant au-dehors, si le poignard de Ravaillac, dirigé par la main des éternels ennemis de la liberté, n'eût frappé cet excellent prince au moment où son existence devenait si nécessaire à la France.

Le coup parricide porté à Henri IV fut mortel aussi pour la liberté de la nation, et celui qui, sans s'arrêter à l'histoire des rois, n'écrirait que celle des peuples, pourrait passer sous silence les trois règnes qui suivirent. Du jour où commence la régence de Médicis, nous voyons renaître le pouvoir des grands. Richelieu le frappe sans l'abattre ; il se ranime sous Mazarin, et présente, pendant son ministère, à la France, désormais indifférente au sort de ses maîtres, la parodie d'une guerre civile ; il expire enfin aux premières années du règne de Louis XIV, de ce long despotisme, où les poètes ou du moins les flatteurs furent honorés, et les philosophes délaissés ou bannis ; où les Chamillards succédaient aux Louvois, les

Letellier aux Colbert, les dilapidations des finances au luxe ruineux du monarque, les cagoteries aux dissolutions de sa cour, les plus honteuses défaites aux victoires des Condé, des Turenne ou des Catinat; où la révocation de l'édit de Nantes, la fuite de plus de cent mille Français les plus opulens, la guerre des Cévennes, les assassinats judiciaires, faisaient à l'ordre social et à la prospérité nationale des plaies incurables.

Des écrivains célèbres ont peint à grands traits l'influence de ce règne sur la révolution; cette influence est plus marquée encore sous le règne de Louis XV: les dissolutions du régent, les ministères successifs des cardinaux Dubois et Fleury, des abbé Terray et des Maupeou, l'empire des maîtresses et des favoris les plus corrompus sur l'esprit d'un monarque faible et qui voulait être tout-puissant, les progrès des lumières et de la philosophie, rendaient la révolution inévitable, et en précipitaient le moment. Notre histoire fut méditée alors par des philosophes. Ils n'y virent que la féodalité avec toutes ses folies, le fanatisme avec toutes ses horreurs, les guerres civiles avec toutes leurs cruautés, l'anarchie des fiefs enfantant le despotisme des monarques, la fatale influence de leurs perfides conseillers, l'insupportable tyrannie exercée sur eux par leurs maîtresses et leurs courtisans; ils ne virent dans cette histoire que l'absence de toute loi constitutionnelle.

Quelques penseurs étudièrent alors la constitution anglaise : c'était en effet le guide qu'il fallait suivre; d'autres se firent une république imaginaire; d'autres prirent pour modèle les républiques d'Athènes et de Rome, avec leur aréopage et leurs comices, leurs archontes et leurs tribuns. C'était là se placer sur un mauvais terrain; mais la faute en était à l'éducation de nos colléges. Tous cherchèrent en vain des traces subsistantes de l'affranchissement des communes : ils virent l'effet de cet affranchissement détruit par l'intolérance religieuse, par l'ignorance du peuple, et surtout par cette déplorable facilité à accorder des lettres de noblesse pour de l'argent, ce qui n'avait d'autre résultat que de donner aux grands seigneurs des valets, au peuple des tyrans, et à la couronne des serviteurs mercenaires. L'opinion du siècle en faisait justice, il est vrai; mais dans les cités, ils avaient les places importantes; dans les campagnes, les châteaux; et le despotisme, comme la révolution nous l'a montré, n'avait pas de plus zélés partisans. Ce qui contribuait encore à maintenir les communes dans l'asservissement, c'était cette magistrature vénale qui protégeait dans les provinces les priviléges de la noblesse, souvent contre l'intérêt du gouvernement; tandis qu'à Paris elle protégea souvent le gouvernement contre la noblesse. Enfin les corporations, les jurandes, les maîtrises venaient encore enchaîner les droits des citoyens.

Les essais infructueux de Turgot, les maximes des économistes, les plans que l'illustre Malesherbes avait conçus, ceux de Necker sur les assemblées provinciales exécutés dans le Rouergue et le Berry, toutes ces conceptions libérales, produits de la philosophie et de la raison du siècle, n'ont pu recevoir une entière exécution. La raison en est sensible : vers la fin du dix-huitième siècle, tous les esprits étaient portés non-seulement vers la liberté, mais encore vers l'égalité politique, que tous ses partisans voyaient compromise partout où existerait une division entre les trois ordres de l'état, avec les moindres priviléges pour quelques-uns. Le clergé et la noblesse ne voulaient point des priviléges qu'on leur conservait dans ces plans d'améliorations administratives, où l'égalité proportionnelle des impôts était établie; comme si les forcer à prendre part aux charges, quand ils profitaient des bénéfices, eût été une injure faite à la religion ou un affront fait à la qualité. Le peuple, pressé d'entrer dans le plein exercice de ses droits, ne sollicita que les états-généraux où il pourrait se montrer dans toute sa force, et ne fit rien pour obtenir ou conserver les assemblées provinciales de Necker.

CHAPITRE VI.

De l'affranchissement des communes sous les assemblées qui ont précédé la convention.

Vers la fin du dix-huitième siècle, tout conduisait à la révolution, et chaque acte du gouvernement devenait impuissant pour la retarder. L'exil des parlemens, l'épuisement de nos finances, les édits bursaux, disaient assez qu'il fallait désormais borner l'autorité souveraine, et appeler la nation à la jouissance de ses droits : mais il fallait, d'abord, arracher le peuple à la servitude de la glèbe, la plus cruelle de toutes. C'était là le devoir le plus rigoureux du monarque, le mandat le plus impérieux donné aux états-généraux. Pourquoi faut-il que l'exécution d'une obligation si importante ait eu ses dangers au moment où elle s'accomplit ?

Je vois les chaînes féodales tomber, des titres ridicules ou absurdes dévorés par les flammes ; je vois le cultivateur bénir le ciel de la révolution qui lui rend sa dignité d'homme, et le fait citoyen. Ne modérons pas l'excès de sa joie. Que les seigneurs se contentent d'être les premiers citoyens de leurs communes, et de reconquérir par leurs bienfaits le rang dont ils étaient déchus par leur absurde autorité ; qu'ils suivent l'exemple donné dans l'assemblée nationale par l'élite de la noblesse française. Mais, encroûtés de préjugés gothiques, ils résisteront à ce glorieux exemple, et irriteront un peuple qu'ils eussent dû calmer de tous leurs efforts ?

En ce moment, quel génie eût pu s'opposer aux excès qui signalèrent cette époque ?

Je réponds d'abord, l'instruction populaire et l'éducation nationale. Il faut l'avouer, ni Paris ni les provinces n'étaient mûrs pour la révolution. Les fautes du gouvernement étaient à leur comble., et la plus grande de toutes

était une coupable négligence dans l'éducation des villes et des campagnes. Ou bien, elles étaient privées de toutes lumières ; ou bien, on permettait qu'elles fussent éclairées par ces lumières perfides qui poussent l'homme contre les écueils, en lui dérobant la route la plus sûre. Dans les villes, les congrégations religieuses s'emparaient de la première éducation ; les collèges, escortés des dieux du paganisme ou des révolutions de Rome ou de Sparte, s'emparaient de la seconde. Alors les philosophes survenaient; non pas ceux-là seulement qui prêchent les vertus publiques, la haine de l'arbitraire, la tolérance, l'humanité, la soumission aux lois, comme Voltaire et Jean-Jacques, mais ceux qui, comme le dit si bien ce dernier écrivain : « Sous prétexte d'expli-
» quer la nature, sèment dans les cœurs de
» désolantes doctrines; et ceux qui, sous le
» hautain prétexte qu'eux seuls sont éclairés,
» vrais, de bonne foi, nous soumettent impé-
» rieusement à leurs décisions tranchantes, et
» prétendent nous donner pour les vrais prin-
» cipes des choses, les inintelligibles systèmes
» bâtis dans leur imagination ; qui, du reste,
» renversant, détruisant, foulant aux pieds
» tout ce que les hommes respectent, ôtent

» aux affligés la dernière consolation de leur
» misère, aux puissans et aux riches le seul
» frein de leurs passions ; arrachent, enfin,
» du fond du cœur les remords du crime,
» l'espoir de la vertu, et se vantent encore
» d'être les bienfaiteurs du genre humain. »
Quels fruits devaient porter ces doctrines, et celles encore où l'impiété s'arme du ridicule pour essayer de flétrir la religion, où le poison de la débauche est offert à l'imprudente jeunesse dans une coupe couronnée de fleurs ? C'est sous leurs auspices cependant que la jeunesse entrait dans le monde ! ! !

Dans nos campagnes, les écrits philosophiques avaient peu de lecteurs. Le reste de cette population croupissait dans une profonde ignorance sur les droits et les devoirs de l'homme en société. Quels instituteurs pouvait-elle donc avoir ? Etaient-ce les prêtres ? Mais, pour appliquer utilement les maximes d'une religion de soumission, de paix et d'amour à ses devoirs sociaux, les prêtres devaient montrer aux grands à rendre leur autorité aimable et touchante comme celle de l'Evangile. Il ne fallait pas insulter à la Divinité, au point de déclarer qu'elle n'envoie les mauvais princes que pour éprouver les bons et punir les méchans, et faire de l'esclavage un devoir de religion pour le peuple, une tribulation nécessaire au salut. Il fallait, au contraire, prêcher aux grands la charité, au peuple la modération, à tous la morale évangélique dépouillée de ces dogmes, aliment éternel de dispute pour les faux savans et les faux sages. Avec de tels préceptes, le joug qui pesait sur les campagnes eût été moins onéreux, le peuple l'eût supporté avec plus de résignation; dans les villes, la corruption eût été moins générale; le rapprochement des classes, de puériles distinctions effacées, auraient affaibli la réaction, ou plutôt l'auraient prévenue.

J'ai entendu professer une grave erreur sur le danger de la prospérité dans les campagnes. Le cultivateur n'est pas fait pour être heureux, disait-on. S'il le devient, il cherche à briser le frein salutaire que la providence lui impose; et c'est dans les premières années de la révolution que l'on puisait des exemples. On ne pouvait citer plus mal. La cause réelle des réactions de cette époque, était le défaut absolu d'instruction. Je ne parle pas de celle que les fils des cultivateurs, les plus aisés, venaient puiser dans les colléges, ni de ces éducations de séminaires, où ils venaient apprendre, non ce qui est bon, véritable, utile, mais ce qu'il fallait pour être ordonné; je veux parler de celle qui fait des citoyens raisonnables, et par conséquent des sujets fidèles. Il est sensible aussi que les droits féodaux de tout genre maintenaient le peuple dans la misère. Délivré de ce joug, il était riche; mais il songea à le briser, alors que l'instinct seul de sa force lui rendit l'esclavage insupportable.

Si je retraçais les efforts de ces nobles de deux jours, pour résister à la volonté générale, et retenir quelques débris de leur pouvoir, je ne dirais rien que d'inutile. Il faut, d'ailleurs, garder un silence, commandé par la pitié, sur ces victimes d'une opposition si funeste à la patrie. Chacun sait combien leur résistance eût fait de mal à la cause de la liberté, si le despotisme ne nous y eût inévitablement ramenés.

La magistrature comme la noblesse s'opposait encore à ce que l'émancipation entière des campagnes s'opérât sans danger. Louis XVI, dès le commencement de son règne, avait aboli la torture préalable au jugement, en laissant subsister celle postérieure à la condamnation. La procédure, les débats, et la condamnation étaient secrets. Que de motifs d'exaltation pour le peuple, dès que, sans préparation aucune, toutes les améliorations désirables dans la procédure criminelle lui seraient données! La rigueur des peines, l'application si fréquente du dernier supplice, l'horrible variété des tourmens qui l'accompagnaient, avaient endurcis les cœurs, et le peuple préludait par le spectacle de nos exécutions légales à ses exécutions révolutionnaires. Quand la justice paraissait une vengeance, les vengeances devaient-elles tarder à être appelées *justice?*

Enfin, l'existence des corporations, des jurandes, etc., opposait un dernier obstacle à l'affranchissement réel des communes. Ces réunions, dans de semblables métiers, avaient créé un esprit de corps qui subsista lorsqu'elles furent détruites. Dans les villes, elles peuplèrent les clubs, et *les compagnons du devoir* furent les premiers *frères et amis*. On ne peut expliquer en effet que par l'esprit de corps pourquoi, même sous le règne de la terreur, les artisans et les ouvriers s'y trouvaient en majorité.

Le système municipal pour prospérer en France dans les premiers jours de la révolution, devait, non s'étayer sur les débris des pouvoirs qu'on venait d'abattre, mais se lier chez nous à un système où la noblesse d'épée et de robe, les gentilshommes et les prêtres, ne fussent pas entièrement perdus dans l'opinion, et cependant ne fussent plus redoutables; où l'éducation du peuple fût plus avancée, où tout esprit de corps eût disparu et fait place à un esprit d'union dans le seul intérêt du bien public.

L'assemblée nationale remplaça les provinces par les départemens, et cette nouvelle division, il faut le dire, était trop démocratique et ne l'était point assez. Admettez en effet le peuple jouissant du droit de nommer ses magistrats, et de se réunir en assemblées primaires ou dans les clubs; et ce pouvoir, s'il est usurpé par toutes les classes de la population, fera d'autant plus de mal, que, resserré dans de plus étroites limites, il aura moins de supériorités morales à redouter; vous multipliez les têtes de l'hydre des factions; et lorsque la tyrannie de plusieurs ou d'un seul remplacera cette anarchie, la maxime favorite du despotisme, *diviser pour régner*, aura reçu son application, et il ne faudra plus à la convention que les proconsuls, au gouvernement impérial que les préfets, pour exercer le despotisme en toute sûreté.

Mais indépendamment de cette division de la France, il existait dans les lois sur l'administration des départemens et des communes, un vice auquel on ne pouvait trop tôt remédier; c'était le droit d'élire les magistrats réuni entre les mains des assemblées primaires en masse, et la modicité des conditions de fortune requises pour élire et être élu. Si l'on ajoute à cela l'irritation des esprits, la nécessité d'écarter des administrations tout ce qui tenait à l'ancienne noblesse, etc., on plaindra sans doute une assemblée où la majorité était animée du bien public, d'avoir ouvert la porte aux abus les plus monstrueux du pouvoir populaire et au despotisme qui devait le suivre.

CHAPITRE VII.

Des communes sous la convention et le directoire.

Ne cherchons point la liberté sous les débris encore fumans du trône de nos rois; il était impossible que l'ombre d'une administration légale subsistât sous le joug ensanglanté de la convention. Le mot seul de commune était en horreur, depuis qu'un amas de furieux composait le conciliabule dont le 9 thermidor purgea la capitale. Alors même, l'héroïque résistance des Lyonnais donnait au-dedans, au département du Rhône, la gloire, si éclatante au-dehors, de l'union pour le salut commun. Le Calvados, la Gironde, la Lozère, imitaient ce noble dévouement, et légitimaient pour la défense de la patrie le principe de la résistance à l'oppression. Les communes de la Vendée et de la Bretagne donnaient aussi un bel exemple à la France. Je ne sais si alors la république fédérative n'était pas une conception plus heureuse que la république une et indivisible, mais je sais bien que ceux qui voulaient cette dernière, n'aspiraient qu'à la tyrannie. C'est ce qu'ont prouvé les comités de salut public, le directoire après le 18 fructidor, et le premier consul Bonaparte. Je sais bien que les Vergniaux, les Valazé, les Condorcet, les Bailly, devaient être immolés aux jacobins; mais je crois aussi qu'ayant le courage de dénoncer les crimes d'une faction, ils ont eu celui de concerter les moyens d'arracher la France à ses oppresseurs, et que ne pouvant désirer alors raisonnablement que l'état républicain le moins impratiquable, ils ont pu prendre le gouvernement des États-Unis pour modèle. Ce que dit madame de Staël à leur égard, dans ses Considérations sur la révolution, ne me touche point. Non, il n'était pas besoin des proconsuls révolutionnaires pour ranimer l'amour de la patrie, et pour unir la France par les liens d'une défense commune. Le seul patriotisme des martyrs de la liberté, au 31 mai 1793, eût produit des résultats plus heureux pour l'indépendance nationale, que les excursions de quelques furieux; la guerre de la Vendée eût été moins cruelle, nos victoires sur le Rhin plus décisives; il eût été moins nécessaire de tirer un rideau de gloire sur les désastres de l'intérieur; la France eût été libre au dedans, sans cesser d'être respectable au dehors.

Le directoire favorisa d'abord les franchises des départemens. Il l'eût fait avec plus de succès si la constitution de l'an 4 eût été l'ouvrage d'une assemblée nouvelle. Mais comment cela pouvait-il être sans voir reparaître encore l'anarchie? Il faut avouer cependant que la prospérité publique renaissait alors. Les assignats disparaissaient, les tribunaux révolutionnaires étaient abolis, la liberté de la presse était entière, les administrations départementales étaient mieux composées, la magistrature reprenait quelque éclat dans les tribunaux de département. Que l'élément démocratique eût eu moins d'influence dans quelques élections, et le 18 fructidor n'eût point eu de prétexte. Cette fatale journée ouvrit la porte au despotisme militaire, le pire de tous, hors le despotisme civil, que rien ne saurait légitimer.

CHAPITRE VIII.

Des communes sous Napoléon.

La création des préfets, par tout autre que Napoléon, pouvait obtenir les plus heureux résultats. Ils parvinrent en général à calmer les passions encore existantes, à retenir le zèle exalté des patriotes, et à assoupir l'aigreur du parti opposé. Ils protégèrent la liberté des cultes et présidèrent à l'exécution du concordat de 1801, le seul utile, le seul nécessaire, puisqu'il rétablissait les autels que la révolution avait abattus. Mais leur toute-puissance dans les départemens était un mal favorable seulement aux ambitieux projets de Napoléon.

La constitution de l'an 8 créa des conseils généraux de département, des conseils d'arrondissement et des conseils de commune. Ces conceptions étaient heureuses. Mais soumettre leurs délibérations à une influence étrangère, c'était ne montrer aux départemens que le fantôme de la liberté. Les rendre libres, n'était rien encore, si le corps législatif ne devenait qu'une assemblée de muets, et si le tribunat encourait sa dissolution par l'indépendance d'opinions et la franchise de quelques-uns de ses membres. C'est ce qui arriva. L'établissement de la liberté devint impossible, et n'aurait pas eu de résultat sous l'empire d'actes régulateurs du despotisme, et sous une administration ferme et sage d'abord, pour devenir ensuite impunément cruelle et insensée.

Chaque année du pouvoir impérial fut le témoin des effrayans progrès de la centralisation. Toutes les branches de l'administration des départemens, des villes, des campagnes même, furent envahies par le ministère. Telle ville avait-elle besoin d'une promenade publique, la permission en était arbitrairement accordée ou refusée par un chef de bureau. Fallait-il assurer la salubrité des prisons, payer au malheur le tribut de la pitié, c'est à Paris qu'il fallait s'adresser encore, et l'urgence ne dispensait pas de ces longs circuits de formalités. Ainsi, les préfets, tout-puissans pour prévariquer, devenaient impuissans pour bien faire; le ministère usurpant sans cesse sur les tribunaux même d'exception, tels que les conseils de préfecture, les cours spéciales et les douanes, rendait nécessaire l'action de ce conseil d'état qui, croyant avoir fait assez en discutant nos codes, n'était dans la main d'un seul qu'un fragile instrument.

Quant aux tribunaux en matière criminelle, le choix des jurés par les préfets, le code de 1810 dans la plupart de ses dispositions, mettaient entre les mains du gouvernement la liberté, l'honneur, la vie des citoyens, comme si tous les délits eussent été des crimes d'état, ou plutôt, comme si le gouvernement eût dû réviser lui-même tous les arrêts. La création des tribunaux d'arrondissement et d'appel, en rendant les juges amovibles, en diminuant le traitement des juges de première instance, enleva à la magistrature française toute son indépendance. Pour comble de maux, une police inquisitoriale fit asseoir à nos côtés la délation, et eût fait régner en France la paix des tombeaux, si d'éclatantes victoires ne nous eussent appris que nous étions encore le grand peuple.

S'il faut parler de l'instruction publique sous le régime impérial, elle ne paraissait livrée, à prix d'argent, qu'à quelques privilégiés. Le despotisme ne se mettait point en peine d'étendre au peuple des campagnes la première éducation. Celle de nos lycées se relevait sous des formes moins grossières qu'au temps où un imbécille professeur de grammaire ne marchait qu'entouré de correcteurs, et avec l'arme dont on ne frappe que les esclaves. Ces humiliantes corrections n'étaient point ce qu'il fallait pour faire des soldats français. Mais le tambour des camps remplaçait la cloche paisible; et je connais plus d'un lycée où, sous la direction d'ecclésiastiques respectables, l'intérieur de l'établissement n'était plus qu'une caserne, avec sa salle de discipline et ses plantons. Sans doute le régime militaire a conduit au champ d'honneur un grand nombre d'élèves. Mais quelques-uns, de retour dans leurs foyers, célèbrent la gloire de nos campagnes en présence des lauriers qu'ils y ont cueillis.

D'autres ont embrassé avec succès des professions libérales; d'autres consacrent leurs plumes à la défense des droits et des intérêts nationaux. Tous, dans quelque rang que le sort les place, se montrent amis de la liberté et du trône constitutionnel, citoyens éclairés et sujets fidèles; et ce n'est point par l'éducation de nos lycées, c'est malgré elle que la jeunesse s'est formée. Les missionnaires désormais n'en feront les séides de personne.

CHAPITRE IX.

De l'état de la France dans ses rapports avec la liberté des communes depuis la restauration.

Lors du premier retour du Roi, la nation s'ouvrait à l'espoir de recouvrer la liberté et le bonheur. Une partie de la France était dévastée par les armées étrangères; mais ces malheurs étaient supportés avec courage; le front de nos guerriers n'était point humilié; la victoire leur était restée fidèle. Les compagnons d'infortune de S. M. ne voyaient qu'une population florissante encore malgré les ravages de la conscription ; ils ne voyaient que des monumens publics, des canaux, de belles routes, et je ne sais quel extérieur de prospérité qui voilait les plaies de l'état. Mais un grand nombre d'entre eux rentraient incorrigibles ; le titre de citoyen français leur paraissait presque aussi odieux qu'en 1789. Ils ne virent que des rebelles à punir, des restitutions à demander, les fonctions civiles et militaires, et les pensions à exploiter. On les eût peut-être soumis par la fermeté, on les aigrit par le ridicule. Fidèles au despotisme, ils s'engagèrent sur le terrein même où Napoléon n'avait pu se soutenir. « Quelle opposition contre nous serait » possible, disaient-ils, lorsqu'elle était si faible » contre Bonaparte, qui n'avait pour lui ni » charte ni légitimité? » Ils se trompaient; une ombre de constitution protégeait aussi cet empereur. Mais, malgré le prestige de la gloire nationale, malgré ces mots si doux à un cœur français, d'honneur et de patrie, une opposition réelle était née du sein de sa police machiavélique : elle n'éclatait point par des insurrections, mais par cette force d'inertie, plus terrible encore dans ses effets. Vainement la Champagne, ravagée par les ennemis, se serait levée en masse, et les échos de l'Argone eussent, comme en 1792, répété le cri de notre délivrance; Napoléon était perdu dès qu'il s'opposa aux vœux du corps législatif, et osa déclarer que la nation était dans le trône. En 1814, le dessein conçu par les ministres d'imiter seulement ce qui précipita sa chute, ces fautes avouées par le Roi avec tant de grandeur d'ame dans sa proclamation de Cambrai, avaient aplani sa route sur Paris. Alors une ordonnance du 5 septembre, une loi des élections, la liberté de la presse, et surtout l'affranchissement réel des communes, dont le préambule de la Charte faisait tant d'honneur à Louis-le-Gros, eussent élevé contre lui une barrière insurmontable. De vrais libéraux n'eussent point été découragés, ou n'eussent point rêvé une république imaginaire, ou le retour, plus chimérique encore, de Napoléon aux principes de la liberté.

Jetons un voile de douleur sur la seconde invasion des étrangers, arrivant *en amis* sur le sol français, et plus cruels dans la paix qu'ils ne l'avaient été dans la guerre. La noblesse crut le moment propre à renouer ses complots; elle se trouva, par l'effet d'une réaction inévitable, portée à toutes les places, prétendant à toutes les faveurs dans la capitale, et dans les provinces à tous les respects. Et il est à remarquer que ceux qui tenaient le plus aux droits du sang étaient de nouveaux anoblis, ou des gentillâtres d'origine suspecte, ressemblance de plus avec les membres de l'opposition anti-populaire de 1789. Il faut dire, à la louange de l'élite de notre noblesse à la Chambre des pairs, qu'elle montra plus de modération que cette majorité de gentilshommes qui peuplaient la Chambre des communes, et qui n'étaient rien moins que les hommes de la nation.

Les projets de la Chambre de 1815 sont aujourd'hui à-peu-près connus, malgré leurs sociétés secrètes répandues dans toute la France; ou, plutôt, par l'existence même des sociétés secrètes, ces projets étaient devinés. Des foyers de délation établis dans chaque département et dans chaque canton, des catégories, des proscriptions en masse, des lois destructives du peu de liberté qui nous restait, des projets de lois qui très-heureusement n'ont point reçu la sanction royale, voilà les bienfaits de cette Chambre; voilà ses recommandations à la reconnaissance publique. Dans son sein, on remarquait un grand nombre de propriétaires, et pas un commerçant; aussi leur premier soin fut-il de dresser le plan d'une aristocratie patrimoniale, et de le suivre avec persévérance. C'est sur ces bases qu'ils voulaient reconstituer la famille, la commune, la province et l'état. Ils punissaient dans la loi du 5 novembre 1815 qui manifesterait des craintes sur le retour du système féodal; et, dans toutes leurs brochures politiques, ils enseignaient que les Français ne tenaient à leur patrie que par le sol; et que le Roi n'avait d'amis fidèles que les plus riches propriétaires (excepté ceux des biens nationaux); comme si sous l'empire de la Charte, l'attachement à l'ordre et à la liberté, devait se mesurer à l'arpent! comme si, en refusant au commerce ou à l'industrie le rang qu'ils doivent occuper dans le système représentatif, on ne privait pas la nation des immenses bienfaits du crédit, enfans du commerce et de l'industrie! Que la chambre de 1815 se fût de nouveau rassemblée, et nous aurions vu les épurateurs reparaître, la délation marcher tête levée, et les révolutionnaires du dix-huitième siècle quitter le masque; un vaste incendie allait s'allumer; et la France, déchirée de ses propres mains, et envahie pour la troisième fois, aurait peut-être succombé dans les convulsions d'une longue agonie. Mais les idées libérales veillaient sur la patrie comme une sentinelle avancée. Les généreux amis de la Charte invoquèrent, pour sa conservation, l'intérêt des ministres.

L'ordonnance du 5 septembre 1816 fut rendue. C'était un grand bien déjà; mais il fallait que les députés de 1815 ne fussent pas seulement en minorité dans la Chambre de 1816, il fallait aussi que leurs adhérens dans les administrations fussent en minorité. Il fallait porter dans les campagnes le flambeau d'une recherche sévère sur les abus du pouvoir, et extraire des archives de quelques préfectures les arrêtés attentatoires à la liberté publique, pour en faire justice au nom de la Charte et de son auguste auteur. Nous aurions eu peut-être, alors, une année de moins de l'impôt de guerre à payer; les brochures politiques eussent consacré plus utilement pour le bien de l'état, à des améliorations législatives, un temps dangereusement employé à dénoncer des actes arbitraires; la tribune nationale n'eût point retenti de plaintes et d'ordres du jour; d'infâmes agens, dits provocateurs, n'auraient point à Lyon transformé les plaintes de paysans dans la misère, recueillies au cabaret, en une conspiration dont il était urgent de frapper de mort tous les complices; et aujourd'hui, une conspiration trop réelle tramée par ces ennemis éternels du repos de la France, et dans laquelle le grand inquisiteur de la prétendue conspiration de Lyon se trouve compromis, ne jetterait pas un jour affreux sur sa conduite dans cette cité.

Telle est cependant aujourd'hui la force de la nation, que les complots de ses ennemis, quels qu'ils soient, n'auraient pas même un succès passager. Tel est l'invincible ascendant de l'opinion publique, qu'elle ferait de la France entière une seule armée, et de tous les cœurs une seule volonté, contre les ennemis de notre liberté au-dedans, et de notre indépendance au-dehors. La nation, éclairée par trente années d'agitation, en a étudié les causes et saura les prévenir. Elle a vu dans l'attachement des nobles à d'absurdes prérogatives, les causes de l'anarchie ou du despotisme de plusieurs, ce qui est tout un; elle a vu en découler le despotisme d'un seul, et la centralisation anéantir la liberté des communes; elle voit aujourd'hui les tentatives des nobles pour nous ramener dans ce cercle inévitable à travers les malheurs d'une révolution dont ils seraient les premières victimes ; et elle les sauvera encore de leur propre égarement.

L'ordonnance du 5 septembre a fixé la date de la liberté française au dix-neuvième siècle. Tous nos efforts aujourd'hui doivent tendre à en assurer le bienfait, non pas à nous seulement, mais à nos derniers neveux, s'il est possible. C'est à nous de faire que le coup qu'elle a porté aux projets ambitieux de la noblesse, de quelque masque qu'ils soient couverts, ne les ait point en vain déjoués. C'est à nous à éloigner de l'édifice qui doit être tôt ou tard élevé à la liberté des communes, les matériaux offerts par une main ennemie, dans l'espoir de préparer la ruine de cet édifice ; c'est à nous d'en retarder la construction, s'il le faut, pour que ces matériaux n'y soient point employés.

La constitution ne reconnaît de suprématie de corps que celle des pairs. Celle du reste de la noblesse et des grands propriétaires est implicitement rejetée par elle ; car si l'aristocratie de la naissance est absurde, celle des richesses l'est mille fois plus. C'est cependant cette dernière que les plans de prétendus royalistes exclusifs chercheraient à faire revivre, c'est celle dont il est urgent d'éloigner le danger.

CHAPITRE X ET DERNIER.

Comment préparer l'établissement sur des bases libérales, des assemblées de commune et de département.

J'AI montré le danger d'abandonner en ce moment à toute aristocratie l'administration intérieure. La conduite des nobles en France, depuis la restauration, n'offre au peuple aucune des garanties qui puissent le satisfaire. Tels ils ont été sous Napoléon, tels ils s'étaient montrés sous Louis XIV, tels ils accablèrent le peuple avant l'abolition du gouvernement féodal, tels ils reparaîtraient encore si on leur permettait désormais de ramper à la cour pour mieux tyranniser les provinces, jusqu'à ce qu'après avoir fomenté la guerre civile, ils fussent dévorés par l'incendie qu'ils auraient rallumé.

J'ose cependant prédire que sous peu d'années un système d'assemblées administratives, en harmonie avec notre constitution, pourra s'établir. Tout ce qu'on devait et qu'on pouvait faire pour arriver à ce but, il est plus facile aujourd'hui de le faire qu'en 1789. Que le gouvernement constitutionnel du monarque soit respecté d'une part, que, de l'autre, l'empire de la Charte s'affermisse par l'entière indépendance des chambres législatives; que les impôts soient réduits; que le bienfait d'une éducation libérale s'étende, s'il est possible, à la nation entière, dès-lors l'influence de toute aristocratie ne sera plus à craindre, et le système représentatif marchera sans effort vers le grand œuvre de la prospérité nationale.

1° C'est la responsabilité des agens du pouvoir qui fait le monarque inviolable, sous le règne d'une constitution. Dans notre système, le roi, tout-puissant pour faire le bien, est impuissant pour faire le mal, parce que ce n'est pas lui qui agit : son ministre seul agit et se montre; seul, par conséquent, il est sujet à l'erreur; seul il doit compte de sa conduite, seul il doit être puni; la Charte eût pu dire, *pour toute infraction à la constitution*, mais du moins elle a dit, *pour trahison et pour concussion*. Le ministère qui n'a point à craindre ces deux accusations, ne saurait trop se hâter de présenter un projet de loi sur sa responsabilité.

2° Le pouvoir exécutif a besoin d'agens à la tête des départemens. S'il n'existait pas des préfets, il faudrait d'autres agens, sous quelque nom qu'on les désignât. Rétablissez les intendans de l'ancien régime ou les commissaires du pouvoir exécutif, du directoire, et vous aurez rétabli des qualifications indifférentes en elles-mêmes, mais qui toucheront aux préjugés de chaque parti. Le nom seul de *préfets* désigne encore une autorité despotique, parce qu'on ne les a soumis à aucune responsabilité, parce que leurs pouvoirs sont trop étendus, parce qu'ils ont l'entrée dans les conseils de département délibérant sur la répartition de l'impôt, etc., etc.

Un préfet ne peut être, dans la rigueur de l'expression, représentant du monarque, que dans les états despotiques. Le monarque absolu, qui a besoin d'une volonté et d'un bras de fer, ne peut, à cause de la faiblesse humaine, tout voir, tout embrasser, tout soumettre par lui-même. Il a recours alors à ses flatteurs les plus assidus, et il leur dit : « Mes peuples ne » sont rien, et je suis tout ; volez vers telle de » mes provinces ; exécutez mes ordres, s'ils » vous parviennent ; sinon, agissez comme » moi. » Cela fait, il revient à ses favoris et à ses maîtresses. Dans ces états, l'imbécillité des peuples, l'empire d'une religion fausse ou défigurée par la superstition, ouvrent quelque temps la carrière à un arbitraire monstrueux; mais qu'une plainte parvienne au souverain, à l'instant il envoie au magistrat prévaricateur ses muets; ou bien il le relègue dans les déserts de l'Asie, ou dans les sables brûlans de l'Afrique; et je ne sache point qu'une conscription forcée soit nécessaire à Ispahan ou à Constantinople pour peupler les palais de courtisans et de solliciteurs. Ainsi ce pouvoir sans limite des pachas ou des gouverneurs, n'est pas souvent si formidable qu'on le pense.

Mais nous qui vivons sous l'empire d'institutions libérales, nous qui avons acheté par trente années de souffrances le droit d'en jouir, il est temps, ce semble, que nous obtenions, par la responsabilité des fonctionnaires publics, les garanties que l'établissement du gouvernement représentatif nous a promises. Voulez-vous que la liberté de la presse soit sans danger, rendez les agens du pouvoir responsables; vous aurez moins de brochures à dénoncer, moins d'auteurs à vos gages; et tels de nos meilleurs écrivains que vous redoutez et qui vous éclairent, reviendront sans peine à leurs traités de législation ou de littérature, à leurs chefs-d'œuvre comiques, ou à leurs spirituelles observations sur les mœurs. Le gouvernement ami des lettres n'y perdra point, et le gouvernement ami de la liberté y gagnera une force réelle, celle de l'opinion publique.

La responsabilité des préfets ne doit pas s'exercer désormais devant le conseil d'état. Le conseil d'état, outre qu'il est une puissance inconstitutionnelle dont les arrêts sont rendus à huis-clos, sans plaidoiries, sans partie publique et sur simples mémoires dont rien ne garantit la lecture, est encore une émanation de la puissance exécutive chargée de décider s'il y a lieu à poursuite contre les agens du pouvoir exécutif. Ce n'est pas ainsi que les *Montesquieu*, les *Bentham*, les *Filangieri*, voulaient que les agens du pouvoir rendissent leurs comptes et fussent poursuivis. *Bentham* professait cette opinion, que la puissance qui élit ne doit point être celle qui surveille; car tout homme est intéressé à défendre son propre choix.

La chambre des députés ne doit faire aucun acte de la puissance exécutive; cependant le droit de pétition exercé devant elle ne doit pas être illusoire, et se borner, entre cent ordres du jour, à une recommandation à laquelle une puissance rivale *a tel égard que de raison;* le droit de pétition ne sera un bienfait réel que lorsque, sur la seule admission de la pétition contre un agent du pouvoir, ce dernier pourra être assigné sans autre formalité.

Ces procédures, dira-t-on, seront alors dangereusement multipliées. Mais on n'a rien à craindre si les délits des fonctionnaires, de quelque nature qu'ils soient, sont soumis à des jurés, et surtout si nous jouissons de la liberté de la presse : elle imposera aux agens du pouvoir un frein salutaire, et préviendra plus d'injustices qu'on n'aurait à en punir sous la meilleure loi de responsabilité.

Le pouvoir des préfets est aujourd'hui trop étendu. N'oublions pas qu'ils ont été créés à une époque où tous les pouvoirs, bien que séparés de droit, étaient réunis de fait dans les mains d'un seul homme. Quelle partie de ce pouvoir a été enlevée aux préfets? Aucune; ils ont de plus le souvenir de la puissance extraordinaire qui leur fut confiée par nos déplorables lois d'exception.

Comme chefs du département, ils sont

chargés de la police, des finances, de la justice même.

Je ne parle point de la police administrative qu'ils doivent non exercer par eux-mêmes, mais seulement surveiller; mais la police judiciaire ou de recherche des délits leur est confiée, aux termes de l'art. 10 du code d'instruction. J'ai prouvé, dans mes Observations critiques sur la procédure criminelle (1), que les premières opérations de la police de recherche sont du ressort de l'autorité administrative; mais un préfet ne doit pas être le grand inquisiteur de son département : il doit se borner à renvoyer à l'autorité compétente les plaintes qui lui sont directement adressées sur quelques délits non encore constatés.

Sans parler des départemens où quelques préfets auraient ordonné des levées d'impôts qui n'étaient point autorisées par la loi, dans tous, ils ont l'entrée dans les conseils-généraux, délibérant sur la répartition de l'impôt, et

(1) *Observations critiques sur la procédure criminelle*, par J. M. Berton, avocat, in-12. Prix 2 fr. 50 c., et 3 fr. par la poste. — A Paris, chez Eymery, libraire, rue Mazarine, n° 30; chez Mongie aîné, libraire, boulevart Poissonnière, n° 18; et chez les libraires du Palais-Royal.

sur le mode de perception des centimes additionnels, laissés à la disposition des départemens pour leurs besoins particuliers. Que suit-il delà? Que les conseils, formés presque partout de personnes dévouées aux préfets, perdent, par sa présence dans leur sein, le peu d'indépendance qui leur resterait, et que rien ne peut assurer, dès-lors, que leurs vœux soient ceux des départemens.

Les préfets sont non-seulement officiers de police, et inspecteurs des conseils-généraux, mais encore ils sont juges en matière criminelle, par la composition des listes de jurés. Dans mes Observations sur la procédure criminelle, auxquelles je renvoie le lecteur, j'ai montré comment, dans les causes politiques, le pouvoir rend illusoire le bienfait du jury, malgré le droit de récusation ouvert à l'accusé. Entre mille exemples, je n'en appellerai qu'à la condamnation de Vilfrid-Regnault, et des six prétendus conspirateurs du Jura.

Les préfets sont juges, encore, pour tout ce qui concerne le contentieux dit *de l'administration*; ils président le conseil de préfecture (toujours ce mot de conseil à la place *d'autorités constituées*, et pour mieux déguiser la toute-puissance d'une autorité unique). Ces conseils, composés de deux ou trois personnes, et présidés par les préfets, jugent à huis-clos, sur simples mémoires, sauf un recours ruineux, et d'un succès incertain, avec la meilleure cause, devant le conseil d'état, et sans recours en cassation pour le cas où la loi serait violée. Le danger constitutionnel de ces conseils est de confondre les grands pouvoirs de l'état, qui ne sauraient être trop séparés. A la magistrature seule, et à nos tribunaux ordinaires, appartient la puissance de juger, dans toute son étendue. Craint-on que nos tribunaux ignorent les matières administratives? Mais en attendant un code complet sur ces matières, que l'on réunisse en un seul corps les lois, les décrets, les ordonnances, les arrêts qui s'y rapportent : ils concourront avec nos codes à la décision des points de droit; les faits seront aussi bien éclaircis sur plaidoiries contradictoires, et sur rapports à l'audience publique, qu'ils ne le sont devant un préfet sur simples mémoires.

En deux mots, c'est dans la division des pouvoirs, et dans la responsabilité de leurs dépositaires, que se trouve la liberté. Réduire le pouvoir des préfets, est le premier pas à faire pour l'affermir. C'est éloigner le danger du retard dans la création d'assemblées départementales.

Les maires des communes peuvent en général rechercher quelques délits, mais ils ne doivent en juger aucun. En attendant la création des assemblées municipales, et une loi de responsabilité qui permette leur mise en jugement sans avis préalable du conseil d'état, il est à désirer que les maires des campagnes soient élus parmi les cultivateurs les plus respectables de la commune où se trouvent leur domicile et leur résidence. Ces places exigent plus de droiture que de lumières, plus de fermeté que de talent; elles exigent des hommes étrangers aux principes de démagogie ou d'aristocratie nobiliaire, également dangereux aujourd'hui. Il faut qu'un maire ne regrette ni le désordre des assemblées primaires, ni l'anarchie féodale. Paix aux châteaux et aux chaumières, surveillance paternelle sur les uns comme sur les autres : voilà toute la police rurale.

La nation contribue par ses députés à la puissance législative. C'est par eux que la loi est l'expression de la volonté générale; elle n'est que l'expression de la volonté d'un seul, si les députés sont dans la dépendance du gouvernement; et cela arrivera tant que les électeurs se laisseront influencer par le ministère, ne procèderont pas à des choix libéraux avec calme et maturité, et ne se coaliseront pas, s'il le faut, pour élire des vrais amis de la patrie. L'indépendance et la pureté des élections prouveront s'il existe une majorité en faveur des partisans d'administrations intérieures, qui tendraient à nous ramener à des temps dont le retour est désormais impossible.

Un des grands moyens de prospérité publique est encore la diminution des impôts. Dans les pays où la liberté est assurée, le crédit, soutenu par les efforts et le patriotisme de chaque citoyen, rend les grands impôts moins dangereux que partout ailleurs. Mais dans les pays où brille seulement l'aurore de la liberté, il faut peu d'impôts; il les faut le plus également répartis que possible, et perçus dans les formes les moins arbitraires. Ainsi, le cultivateur n'est pas réduit au désespoir par l'impuissance de subvenir aux besoins de l'état. Il porte moins envie aux grands propriétaires, qu'il ne voit point traités avec plus d'indulgence que lui; il vend mieux le produit de ses récoltes; la circulation de l'argent s'opère dans les campagnes avec plus d'activité; et c'est ainsi que le crédit s'étend dans un pays où l'exploitation du sol est l'aliment principal du commerce. Ainsi, l'unité de vœux et d'intérêts cimente la concorde et l'union entre les enfans d'une même patrie.

Il me resterait, enfin, à examiner l'état de l'instruction publique en France; mais cet examen me conduirait trop loin. Je me bornerai à émettre ici un vœu qui sera exaucé, si j'en juge par le zèle honorable de M. Royer Collard. Il serait à désirer que l'on introduisît dans nos colléges un cours de philosophie moderne d'après les Locke et les Condillac, et surtout un cours de haute morale appliquée à la politique, que j'appellerai *morale constitutionnelle*. La Charte serait le texte de ce cours, où tous les citoyens seraient admis à venir puiser des leçons de tolérance religieuse et de modération politique; il serait bon de distribuer à ces élèves des prix sur les meilleures compositions, dont le sujet serait une question politique à traiter. Ces couronnes ne seraient-elles pas aussi honorables que celles qui sont le prix d'un discours latin sur des lieux communs cent fois rebattus, ou d'une dissertation sur d'arides questions de mathématiques? Je vois le jeune élève, au sein de l'enthousiasme général, la déposer sur l'autel de la patrie, et contracter l'engagement de la servir de tous ses efforts. Tels sont les prix dont le souvenir enivrant peut suffire pour balancer, dans le coeur d'un nouveau *Villars*, l'ivresse du plus glorieux succès militaire.

C'est surtout l'instruction dans les campagnes qu'il faut relever; ce sont les écoles primaires qu'il faut établir partout où se trouve une réunion de citoyens à former. C'est l'enseignement mutuel dont il faut propager la méthode : méthode admirable, et vraiment faite pour les enfans d'un peuple libre, où l'obéissance et le commandement sont réciproques, où l'oeil du maître peut suivre tous les progrès de la jeune plante qu'il cultive, et qui se dresse d'elle-même sur sa tige; où l'hypocrisie ne vient point flétrir d'avance le coeur du jeune élève, comme dans ces écoles où l'habitude du commandement l'assouplit dans la suite à l'esclavage, ou le rend indocile au frein le plus doux. Jean-Jacques, sors du tombeau ! Viens ajouter quelques pages à ton *Emile*; vois l'enfance s'instruire de ses devoirs au milieu de ses jeux, loin de la morgue pédantesque qui effarouchait pour elle ton ame sensible, et avoue que, sans dessécher le cerveau des enfans par d'arides abstractions qui leur apprennent à ne se payer que de mots, on peut graver dans leurs cœurs les traits les plus touchans de la morale évangélique, et les préceptes fondamentaux de tolérance et d'humanité qui doivent assurer chez nous le bonheur de tous.

Si les améliorations que j'ai signalées s'opèrent, si nos vœux sont exaucés, le démon des guerres civiles s'éloignera pour jamais de notre belle France, si grande au sein des revers, si calme malgré les efforts des ennemis de notre liberté. Sauvons de leurs propres excès ces agitateurs téméraires. Que la modération de la masse du peuple soit leur exemple; qu'ils apprennent de lui à chérir le monarque et la patrie comme ils doivent l'être; et, s'il leur faut un châtiment, que l'image de la prospérité nationale soit leur unique supplice! Que l'état florissant du commerce de Lyon punisse les conspirateurs réels de cette ville en 1817; que le rétablissement de la paix et de la tolérance religieuse, à Nîmes et dans les Cévennes, punisse les partisans des sicaires de 1815; que la concorde, au sein de nos riches guérets, entre les paysans et les grands propriétaires, que les trésors de ces derniers ouverts à l'humble cultivateur dans des temps de détresse, que les progrès de l'agriculture et de la première instruction dans nos campagnes, punissent ceux qui voudraient faire peser sur elles l'aristocratie de la naissance ou des richesses; et qu'enfin, si d'ici à cette époque ils n'ont point voulu devenir citoyens, qu'ils soient punis par la création d'assemblées administratives, sur lesquelles ils ne puissent exercer aucune influence !

FIN.

www.ingramcontent.com/pod-product-compliance
Ingram Content Group UK Ltd.
Pitfield, Milton Keynes, MK11 3LW, UK
UKHW021208220726
13924UKWH00003B/1401